中国电竞的文化循环

CHINESE E-SPORTS' CIRCUIT OF CULTURE

林仲轩　赵瑜佩　著

社会科学文献出版社
SOCIAL SCIENCES ACADEMIC PRESS (CHINA)

目　录

绪　言

一　电子竞技的发展与研究

2018 年 11 月 3 日，在韩国仁川文鹤竞技场举办的英雄联盟全球总决赛上，中国电竞战队 IG（Invictus Gaming）以 3∶0 的成绩横扫欧洲 FNC（Fnatic），夺取了 S8 全球总决赛冠军。中国国内同时观看这场比赛的人数达到 1.3 亿人，微博服务器一度陷入崩溃。IG 电竞战队的夺冠让无数年轻人为之狂欢，也让不了解电子竞技（简称“电竞”）的大众认识了电竞这一现象级的文化产业。据《2018 年电子竞技产业人才报告》，2018 年中国已经拥有 44.3 万名电竞产业从业人员和 4.28 亿人的电竞用户规模，电竞产业规模已经超过 912 亿元人民币，成为一个满足广大民众文化需求的成熟产业。[①]

实际上，电子竞技及其前身电子游戏在中国国内的发展十分迅速，其市场规模自诞生起便快速扩张。2009 年，中国超过韩国、北美和欧洲，成为全球最大的电子游戏市场，自 2016 年开始更是成为全球最大的电子竞技市场。[②] 2018 年，中国正在运营的电竞战队超过 500 个，电竞赛事接近

---

① 2018 年电子竞技产业人才报告：从业者达 44.3 万人，平均月薪超 11000 元［EB/OL］.［2023-06-14］. http：//www.gamelook.com.cn/2019/01/349226.

② Yu，H. Game on：The rise of the eSports middle kingdom［J］. Media Industries Journal，2018，5（1）：88-105.

600项，中国的电竞观众人数占全球观众人数的1/3。[①] 2020年，中国电竞企业的注册数量比前一年同期增长30%，全年电竞游戏市场收入已经超过1365.57亿元，比前一年同期增长44%，电竞游戏用户数量更是超过了整个北美地区。[②] 因此，无论是产业规模、市场地位、发展速度还是社会影响等，中国电竞都成为一个值得关注的文化现象和研究领域。

电子竞技这一新兴现象正日益受到国际学界的广泛关注。[③] 对电子竞技正式的学术研究开始于2000年，在过去20年，电竞研究越来越受欢迎，成为一个方兴未艾的领域。但电竞研究目前还处于起步阶段，关于这一主题的文献并不多，而且主要集中在2015年之后，此前的大多数研究并不是以单纯的电子竞技为主体，而是以网络游戏或视频游戏的概念出现，只是其中涉及或包含电子竞技的因素而已。因此，与电竞行业的蓬勃发展相对，电竞研究作为一个新兴的选题或者领域，整体上仍处于初级阶段，有较大的发展和突破空间。[④]特别是由于中国电竞正式化发展时间较短，国内外学者针对中国电子竞技的研究更少，这不仅给中国电竞研究留出了空间，也给既有电竞研究带来了可能的突破机会。

---

① 张伟，吴晶琦：数字文化产业新业态及发展趋势［J］. 深圳大学学报（人文社会科学版），2022，39（1）：60-68.

② 2021年中国电竞行业研究报告［C］. 上海艾瑞市场咨询有限公司. 艾瑞咨询系列研究报告（2021年第4期），2021：45.

③ Boluk, S., & LeMieux, P. Metagaming: Playing, competing, spectating, cheating, trading, making, and breaking videogames [M]. Minneapolis, MN: University of Minnesota Press, 2017; Hutchins, B. Signs of meta-change in second modernity: The growth of e-sport and the World Cyber Games [J]. New Media & Society, 2008, 10 (6): 851-869; Seo, Y. Professionalized consumption and identity transformations in the field of eSports [J]. Journal of Business Research, 2016, 69 (1): 264-272; Taylor, T. L. Raising the stakes: E-sports and the professionalization of computer gaming [M]. Cambridge, MA: MIT Press, 2012; Witkowski, E. On the digital playing field: How we "do sport" with networked computer games [J]. Games and Culture, 2012, 7 (5): 349-374; Witkowski, E., & Manning, J. Player power: Networked careers in esports and high-performance game livestreaming practices [J]. Convergence, 2019, 25 (5-6): 953-969.

④ Seo, Y., & Jung, S. U. Beyond solitary play in computer games: The social practices of eSports [J]. Journal of Consumer Culture, 2016, 16 (3): 635-655.

学界对“电子竞技”（eSport，e-sports 等）概念的界定本身就还没有达成一致。毫无疑问，电子竞技来源于电子游戏，或者说其前身就是电子游戏，起源于 1972 年美国斯坦福大学，当时学生们聚集在人工智能实验室玩《太空大战》（*Spacewar*）游戏。① 在这个意义上讲，电子游戏是电子竞技的“母体”（matrix），是其孕育或者说从其中诞生了电子竞技。② 不过，与普通休闲娱乐类电子游戏不同，电子竞技以竞争和技能为基础，并强调专业的组织和协调能力③；电竞玩家是职业的，其以竞争和比赛而不是娱乐和放松为目的，而普通游戏玩家只是为了娱乐和消遣而玩④。特别是像前面提到的英雄联盟全球总决赛这种组织化、专业化和制度化的全球赛事，更是凸显了电子竞技与电子游戏在专业性和竞技性上的巨大差别。⑤

但是，长期以来人们对电子游戏有一种刻板印象甚至将其污名化。⑥ 因此，很多电竞研究倾向于淡化电子竞技的游戏特征而凸显其

① Li, R. Good luck have fun: The rise of eSports [M]. Simon and Schuster, 2017.

② Brown, K. A., Billings, A. C., Murphy, B., & Puesan, L. Intersections of fandom in the age of interactive media [J]. Communication & Sport, 2017, 6 (4): 418 - 435; Jonasson, K. Broadband and circuits: The place of public gaming in the history of sport [J]. Sport, Ethics & Philosophy, 2016, 10 (1): 28-41.

③ Taylor, T. L. Raising the stakes: E-sports and the professionalization of computer gaming [M]. Cambridge, MA: MIT Press, 2012; Witkowski, E. On the digital playing field: How we "do sport" with networked computer games [J]. Games and Culture, 2012, 7 (5): 349-374.

④ Ma, H., Wu, Y., & Wu, X. Research on essential difference of e-sport and online game [C]. Informatics and Management Science V. Springer, London, 2013: 615-621.

⑤ Hutchins, B. Signs of meta-change in second modernity: The growth of e-sport and the World Cyber Games [J]. New Media & Society, 2008, 10 (6): 851-869; Seo, Y. Electronic sports: A new marketing landscape of the experience economy [J]. Journal of Marketing Management, 2013, 29 (13 - 14): 1542 - 1560; Seo, Y. Professionalized consumption and identity transformations in the field of eSports [J]. Journal of Business Research, 2016, 69 (1): 264-272; Witkowski, E. On the digital playing field: How we "do sport" with networked computer games [J]. Games and Culture, 2012, 7 (5): 349-374.

⑥ Taylor, T. L. Raising the stakes: E-sports and the professionalization of computer gaming [M]. Cambridge, MA: MIT Press, 2012; Witkowski, E. On the digital playing field: How we "do sport" with networked computer games [J]. Games and Culture, 2012, 7 (5): 349-374.

“体育性”（sportiness）①，即将电竞界定为人们利用信息通信技术，训练精神与身体能力的体育活动，是现实中的体育运动在数字世界的替代品，是现实中的运动员在电子世界延伸发展出的体育竞技，是数字领域的体育活动。② 例如，Hemphill 将电子竞技称为“另一种体育实践，即在数字竞技世界中的体育运动”③。Wagner 等进一步认为，电子竞技不仅是传统体育的延伸，也是一个新的“体育活动场域”④。一些学者甚至将电子竞技定义为“网络空间里以及借助网络空间为媒介进行的运动”⑤，或者至少是“一种主要由电子系统推动的运动”⑥。

基于这种“游戏性”和“体育性”的交融，学界目前关于电竞的大部分文献是从体育或游戏的视角出发的，而且前者的数量远远超过后者。⑦ 但也有个趋势是将两者结合起来，将电子竞技视作使用电子游戏开展竞技比赛的一种特殊的体育运动，因为电子游戏具有竞争性和组织性而将其游

① Hallmann, K., & Giel, T. eSports: Competitive sports or recreational activity? [J]. Sport Management Review, 2018, 21 (1): 14-20; Skubida, D. Can some computer games be a sport? Issues with legitimization of eSport as a sporting activity [J]. International Journal of Gaming and Computer-Mediated Simulations, 2016, 8 (4): 38-52; Lin, Z., & Zhao, Y. Self-enterprising eSports: Meritocracy, precarity, and disposability of eSports players in China [J]. International Journal of Cultural Studies, 2020, 23 (4): 582-599.

② Ma, H., Wu, Y., & Wu, X. Research on essential difference of e-sport and online game [C]. Informatics and management science V. Springer, London, 2013: 615 - 621; Hemphill, D. Cybersport [J]. Journal of the Philosophy of Sport, 2005, 32 (2): 195-207.

③ Hemphill, D. Cybersport [J]. Journal of the Philosophy of Sport, 2005, 32 (2): 195-207.

④ Wagner, M. Competing in metagame gamespace [J]. Space Time Play, 2007: 182 - 185; Davidson, D., Kelley, H., & Kücklich, J. Space time play: Computer games, architecture and urbanism: The next level [M]. Springer Science & Business Media, 2007.

⑤ Jonasson, K., & Thiborg, J. Electronic sport and its impact on future sport [J]. Sport in Society, 2010, 13 (2): 287-299.

⑥ Hamari, J., & Sjöblom, M. What is eSports and why do people watch it? [J]. Internet Research, 2017, 27 (2): 211-232.

⑦ Hamari, J., & Sjöblom, M. What is eSports and why do people watch it? [J]. Internet Research, 2017, 27 (2): 211 - 232. Skubida, D. Can some computer games be a sport? Issues with legitimization of eSport as a sporting activity [J]. International Journal of Gaming and Computer-Mediated Simulations, 2016, 8 (4): 38-52.

戏本质与体育的竞技特征结合起来。[①]但是，仅仅从“体育”与“游戏”两个视角来研究电子竞技是远远不够的；电子竞技还是竞技、能力和数字技术的结合，以及游戏、体育、技术、文化、商业和社会的融合。[②] 比如，随着电竞产业和投入资本的爆炸性增长，从产业角度研究电竞的文献也越来越多，主要涉及电竞产业的发展现状和社会背景、电竞的影视化、电竞直播行业和平台研究等，还有一些关于电子竞技管理和法规的研究，将电竞视作媒体生态系统的研究，聚焦电竞选手（电竞运动员）个人的表现等的研究。[③] 在这个意义上，电子竞技与体育和游戏有关，但又远远超出了体育和游戏，正如 Hutchins 所建议的：“不能从媒体、体育或电子游戏的角度来看待网络竞赛。它们之间的制度和物质界限已经消解，导致一种新的社会形式——电子竞技的产生。”[④] 在这个更广泛的图景中，“电子竞技”表明了一种“元变革”（meta-change）的形式，即我们社会中的大规模变革。[⑤]

---

① Hamari, J. & Sjöblom, M. What is eSports and why do people watch it? [J]. Internet Research, 2017, 27 (2): 211-232; Skubida, D. Can some computer games be a sport? Issues with legitimization of eSport as a sporting activity [J]. International Journal of Gaming and Computer-Mediated Simulations, 2016, 8 (4): 38-52.

② Jonasson, K., & Thiborg, J. Electronic sport and its impact on future sport [J]. Sport in Society, 2010, 13 (2): 287-299; Taylor, T. L. Raising the stakes: E-sports and the professionalization of computer gaming [M]. Cambridge, MA: MIT Press, 2012.

③ Peng, Q., Dickson, G., Scelles, N., Grix, J., & Brannagan, P. M. Esports governance: Exploring stakeholder dynamics [J]. Sustainability, 2020, 12 (19): 8270; Freeman, G., & Wohn, D. Y. Understanding eSports team formation and coordination [J]. Computer Supported Cooperative Work (CSCW), 2019, 28 (1): 95-126; Matsui, A., Sapienza, A., & Ferrara, E. Does streaming esports affect players' behavior and performance? [J]. Games and Culture, 2019, 15 (1): 9-31; Johnson, M. R., & Woodcock, J. Work, play, and precariousness: An overview of the labour ecosystem of esports [J]. Media, Culture and Society, 2021, 43 (8): 1449-1465; Witkowski, E., & Manning, J. Player power: Networked careers in esports and high-performance game livestreaming practices [J]. Convergence, 2019, 25 (5-6): 953-969; Zhang, G., & Hjorth, L. Live-streaming, games and politics of gender performance: The case of Nüzhubo in China [J]. Convergence, 2019, 25 (5-6): 807-825.

④ Hutchins, B. Signs of meta-change in second modernity: The growth of e-sport and the World Cyber Games [J]. New Media & Society, 2008, 10 (6): 851-869.

⑤ Hutchins, B. Signs of meta-change in second modernity: The growth of e-sport and the World Cyber Games [J]. New Media & Society, 2008, 10 (6): 851-869.

因此，本书希望超越传统的体育与游戏研究视角，以文化研究的问题意识切入，从文化的视角研究中国电子竞技。在这一视角之下，电子竞技本身就是一种文化实践，具有十分新颖的交互体验、叙事方式和意义生产场域，因而电竞发展过程中的新现象、新问题也应该成为文化研究与新闻传播学界关注的内容。[①] 电子竞技还是一种复杂的文化现象，不仅是体育文化、游戏文化、互联网文化，也是消费文化、大众文化和娱乐文化。[②]特别是，电子竞技作为数字技术与青年文化相融合的产物，在优质游戏（如手游等）、衍生内容（如综艺、动漫、AR/VR 等）、新经济（如游戏主播、电竞陪练师等）、赛事（如电子体育比赛与大众电竞的发展等）、职业规范与标准、行业政策、电竞教育等方面表现出一系列新的行业文化特征。特别是随着数字技术的发展，电子竞技成为 21 世纪以来快速崛起的世界性文化现象，产生了广泛而深刻的经济和社会影响[③]，即产生了上文所提的“元变革”（meta-change）的可能。这是因为，电竞行业的快速发展推动了以电竞为中心的数字经济和文化产业的高速发展，而这是实现中国向全球数字大国转型的基础，电竞成为中国数字经济发展的重要组成部分。[④]

但是，目前国内学界从文化视角对中国电竞进行的研究还较少，相关内容主要包括电竞文化形成的社会背景与社会话语变迁，电竞青年亚文化，电竞中的性别文化、博彩文化、粉丝文化，中国传统文化与电竞游戏

① 刘芳儒．情感劳动（Affective labor）的理论来源及国外研究进展［J］．新闻界，2019（12）：72-84.

② 刘玉堂，李少多．破茧成蝶：电子竞技文化在中国语境的出场［J］．华中师范大学学报（人文社会科学版），2020，59（2）：70-77.

③ 杨越．新时代电子竞技和电子竞技产业研究［J］．体育科学，2018，38（4）：8-21.

④ Keane，M. Disconnecting，connecting，and reconnecting：How Chinese television found its way out of the box［J］. International Journal of Communication，2016，10：5426-5443；Keane，M. & Yu，H. A digital empire in the making：China's outbound digital platforms［J］. International Journal of Communication，2019，13：4624.

的内容开发，由电竞衍生出的诸多新的传播现象，等等。①因此，本书希望从中国特定的社会文化背景和中国电竞特殊的发展历程出发，从文化研究的视角分析和解释中国电竞现象，并剖析其深层的、本土化的文化意义。在具体理论框架上，本书将利用文化研究领域成熟的“文化循环”理论框架，结合中国电竞的具体实践和社会语境来研究中国电竞，为理解中国电竞文化现状乃至文化循环理论的应用提供较为深入的探讨和更有价值的启发。

二 组织框架：文化循环理论

本书采用文化循环（circuit of culture）理论作为组织框架，以期将中国电竞文化研究相关的若干问题和主题有机结合起来并统摄在一个更大的理论框架之下。文化循环理论作为一个系统的文化研究方法和重要的理论体系，将文化视为一个整体，摆脱了过去过于强调文本和受众分析而忽略经济物质方面分析的不足，有助于对文化产品及文化现象进行全方位的解读。

（一）文化循环理论的缘起

文化研究学者理查德·约翰逊（Richard Johnson，1986~1987年）提出了文化循环的概念。他借鉴了马克思关于“生产、分配、消费、流通”四个环节构成的经济循环的概念，并将其直线链重构成环状链，从而摆脱了“生产”作为循环固定开端的单向决定性作用，用以探寻文化元素如何

① 宋嘉伟．“肝动森”：休闲玩工的形成——对《集合啦！动物森友会》的数字民族志考察［J］．新闻记者，2020（12）：3-19；曹书乐，许馨仪．竞争、情感与社交：《阴阳师》手游的氪金机制与玩家氪金动机研究［J］．新闻记者，2020（7）：27-37；Wang，W. Y.，and Lobato，R. Chinese video streaming services in the context of global platform studies［J］．Chinese Journal of Communication，2019，12（3）：356-371.

在生产和消费的过程中游移。① 因此，在马克思的经典研究基础之上，约翰逊的文化循环更进一步聚焦于构建社会意义的文化循环圈，特别是社会文化主观性的意义循环，形成了文化循环理论的基础与雏形。

以斯图尔特·霍尔（Stuart Hall）为代表的英国当代文化研究中心（Centre for Contemporary Cultural Studies，CCCS）丰富并确立了文化循环理论，并用该理论来系统分析作为文化的文本、产品与实践。② 他们借鉴了安东尼奥·葛兰西（Antonio Gramsci）关于符号系统、表征以及物质现实之间复杂关系的论述，试图回答文化研究中一直存在的问题，即文化的哪些属性应该被权衡、如何权衡的问题。③ 凯西·伍德沃克（Kath Woodward）等通过文化循环理论解决了编码/解码模式没能解决的关于文化的符号属性和物质属性如何成功接合的难题，明确强调了文化生产过程中复杂的内部关系，因而挑战了表征与生活经验之间的二元对立或不同要素互相孤立的理论表述，从而探寻文化的民主本质。④

保罗·杜盖伊（Paul du Gay）及霍尔等综合了以上学者的论述，通过研究索尼随身听，正式确定了文化循环中的五个关键时刻（moments），即表征（representation）、认同（identity）、生产（production）、消费

① Johnson, R. What is cultural studies anyway? [J]. Social Text, 1986, (16): 38-80; McNaughton, M. J. Guerrilla communication, visual consumption, and consumer public relations [J]. Public Relations Review, 2008, 34 (3): 303-305.

② Hall, S. (ed.) Representation: Cultural representations and signifying practices [M]. London: Sage, 1997; Pezzullo, P. C. Contextualizing boycotts and buycotts: The impure politics of consumer-based advocacy in an age of global ecological crises [J]. Communication and Critical/Cultural Studies, 2011, 8 (2): 124-145; Turner, G. British cultural studies: An introduction [M]. New York: Psychology Press, 2003.

③ Gramsci, A. "The modern prince" in Gramsci, A. (ed.), Selections from the prison notebooks [M]. London: Lawrence & Wishart, 1971: 123-205; Woodward, K. Lived actualities of cultural experience and social worlds: Representing David Bowie [J]. Continuum, 2017, 31 (4): 499-508; Wynn, J. R. Guides through cultural work: A methodological framework for the study of cultural intermediaries [J]. Cultural Sociology, 2012, 6 (3): 336-350.

④ Woodward, K. Lived actualities of cultural experience and social worlds: Representing David Bowie [J]. Continuum, 2017, 31 (4): 499-508.

（consumption）和规则（regulation）。[①] 他们指出文化循环不是一个单向的循环，而是各个阶段都相互作用、相互影响的，即具有过程性、实践性和相互性。虽然现实世界中的各个时刻是以一种复杂和偶然的方式不断地相互重叠和相互缠绕的，但他们为了对特定事物“随身听”进行文化研究，将五个时刻看成接合的要素，以便更直观地了解这一文化人工制品在不同过程接合时的相互作用。[②] 这五个时刻并无先后顺序，每个时刻都与另一时刻相连并在另一时刻中重现，即每个时刻都是另一时刻的要素之一，意义在文化循环过程中得以不断发展。而且，这一循环过程将物质和文化视为相互交织的两个过程，使生产、社会、市场之间的关系理论化了。[③] 这一更成熟的文化循环理论还将文化生产与消费实践相关联，以探究文化文本与产品之间的循环，最终为文化生产研究指明了更全面的路径。[④] 杜盖伊和霍尔等的文化循环模型如图 1-1 所示。

（二）文化循环理论的内涵

文化循环理论是文化领域重要的启发性框架，其理论前提是，文化是一种完全的生活方式和意义的生产和传播，具体包含文化产品生产过程中

---

① du Gay, P. Introduction [C]. in P. du Gay (ed.), Production of culture/cultures of production. London: sage, 1997: 1 - 10; Bourdieu, P. The field of cultural production, trans. Randal Johnson [M]. Oxford: Polity, 1993; du Gay, P. and Pryke, M. (eds.), Cultural economy: Cultural analysis and commercial life [M]. London: Sage, 2002; Glasgow Media Group. The circuit of mass communication: Media strategies, representation and audience reception in the AIDS crisis [M]. London: Sage, 1993; du Gay, P., Hall, S., James, L. Mackay, H. and Negus, K. Doing cultural studies: The story of the sony walkman [M]. London: Sage, 1997.

② 保罗·杜盖伊，斯图尔特·霍尔，琳达·简斯，休·麦凯，基思·尼格斯．做文化研究——索尼随身听的故事［M］，霍炜，译．北京：商务印书馆，2003.

③ 约翰·R. 霍尔，玛丽·乔·尼兹．文化：社会学的视野［M］．周晓虹、徐彬，译．北京：商务印书馆，2002.

④ Wynn, J. R. Guides through cultural work: A methodological framework for the study of cultural intermediaries [J]. Cultural Sociology, 2012, 6 (3): 336-350; Dean, D., & Jones, C. If women actors were working [J]. Media, Culture & Society, 2003, 25 (4): 527-541.

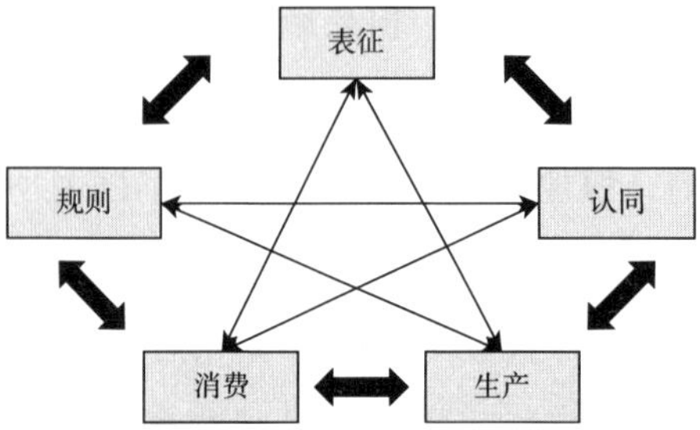

图 1-1　杜盖伊和霍尔等的文化循环模型

五个互相关联的时刻及其相互联系。[①] 这五个时刻分别是：表征，即图片、文字和技术等符号组合构成的语言表达；认同，即文化对象如何影响受众的自我感知从而形成社会认同的过程，是表征发挥作用的途径，也就是从话语实践中产生的社会建构[②]；生产，即生成文化产品的行为者、机构和工作规则等环境要素，生产和消费背后不仅体现着产品的流通，还蕴含着文化的流通；消费，即公众消费和解释文化对象的方式[③]；规则，即支配文化产品的调节机制，包括正式的和非正式的政策、社会规范和其他类型

① Woodward, K. Lived actualities of cultural experience and social worlds: Representing David Bowie [J]. Continuum, 2017, 31 (4): 499-508; du Gay, P. Introduction [C]. in P. du Gay (ed.), Production of culture/cultures of production. London, England: Sage, 1997: 1-10; Acosta-Alzuru, C., & Kreshel, P. "I'm an American girl... whatever that means": Girls consuming pleasant company's American girl identity [J]. Journal of Communication, 2002, 52: 139-161.

② Cinque, T. The subversion of an exquisite corpus: Against the grain with David Bowie [J]. Continuum, 2007, 31 (4): 596-606; Curtin, P. A., & Gaither, T. K. International public relations: Negotiating culture, identity and power [M]. Thousand Oaks, California: Sage Publishing, 2007.

③ Tombleson, B., & Wolf, K. Rethinking the circuit of culture: How participatory culture has transformed cross-cultural communication [J]. Public Relations Review, 2017, 43 (1): 14-25; Curtin, P. A., & Gaither, T. K. International public relations: Negotiating culture, identity and power [M]. Thousand Oaks, California: Sage Publishing, 2007.

的社会或自我监督方式。[①]

文化循环中的五个时刻节点相互关联、互相依赖，于整体而言每一个环节都不可或缺。du Gay 在其著作中强调，文化循环的理论框架从根本上是建立在五个时刻节点相关联的基础上的，“从循环的何处开始并不重要”[②]，而且五个时刻之间的关系是递进而非因果的[③]。同时，对任何文化产品的分析都应该包括对文化循环中的五个时刻的分析[④]，并且告诫人们不要过于认真地对待不同时刻之间的区别，声称他们只是“为了分析的目的将文化回路的不同时刻分开”[⑤]，虽然“将循环的这些部分加以区分，但在现实世界中它们不断地以复杂和偶然的方式重叠和交织”[⑥]，只关注其中一个过程必定具有局限性，“只有在过程的组合中，在它们的表达中，才能找到解释的开端”[⑦]。

因此，文化循环系统是一个不可分割的整体，而其中各时刻和要素联系的方式被称为接合，即将有差异的两种或多种元素建构同一性关联的实践。接合理论是一种理解在特定条件下使意识形态要素在某种话语内部连接一致的方法。作为一个系统循环，每一个元素都会与其他元素以偶然、复杂的方式接合，意义就在一系列的接合中不断生成。五个时刻虽然没有主次之分和先后之别，但都必不可少、密不可分。我们不应死板地强调不同时刻之间的区别，因为理论框架对各个要素加以区分只是为了便于分

① Reyes, C. Spokesperson is a four-letter word: Public relations and power in Occupy New York [J]. Public Relations Inquiry, 2008, 7 (3): 243-259; Champ, J. G., Brooks, J. J. The circuit of culture: A strategy for understanding the evolving human dimensions of wildland fire [J]. Society and Natural Resources. 2007, 23: 573-582.

② du Gay, P. Introduction [C]. in P. du Gay (ed.), Production of culture/cultures of production. London, England: Sage, 1997.

③ Derrida, J. Of grammatology [M]. Baltimore: Jhu Press, 2016.

④ Dean, D., & Jones, C. If women actors were working [J]. Media, Culture & Society, 2003, 25 (4), 527-541.

⑤ Thompson, K. Introduction [C]. in K. Thompson (ed.), Media and cultural regulation. London: Sage, 1997.

⑥ du Gay, P. (ed.) Production of culture/cultures of production [M]. London: Sage, 1997.

⑦ du Gay, P. (ed.) Production of culture/cultures of production [M]. London: Sage, 1997.

析，但在现实世界中它们是融为一体的，以复杂的动态方式持续地相互重叠和交织。因此，对任何文化产品的分析都应同时包括文化循环中的五个时刻，只关注其中一个时刻必定具有局限性。

此外，文化循环还具有偶然性。循环中五个时刻的联系是双向的、变动的，展现在文化意义生产中的每个时刻都是动态地、程序性地组合为一体。[①] 动态的特征不仅因为循环中五个时刻深受特定的社会实践与环境的影响，还因为文化循环的形成具有历时性，即随着时间的推移而形成、完善与变化。[②]“任何文化对象在任何给定时间内的意义都是偶然的、历史性的成就。”[③]它们总是“根植于历史、时间和空间，并具有情境化”[④]。虽然文化循环的社会属性是稳定的，但它们是通过对文化的控制来构建和维持运转的，而建构的权力结构总是处于变动之中，这使得文化循环中各个时刻的联系也处于不断变化之中。[⑤] 因此，对比和偶然性成为文化循环框架重要的分析焦点，因为它们是动态和意义的核心标准。[⑥]

另外，文化循环也是流动的权力斗争循环，体现了媒介传播过程中多方争夺制造社会意义的权力过程。[⑦] 冲突与差异是文化循环的固有特征，

---

① Silverstone, R. Television and everyday life [M]. London, England: Routledge, 1994.

② Johnson, R. What is cultural studies anyway? [J]. Social Text, 1986, (16): 38-80; Livingstone, S. Active audiences? The debate progresses but is far from resolved [J]. Communication Theory, 2015, 25 (4): 439-446.

③ du Gay, P. Consumption and identity at work [M]. Thousand Oaks, CA: Sage, 1996.

④ Elmezeny, A., & Wimmer, J. Games without frontiers: A framework for analyzing digital game cultures comparatively [J]. Media and Communication, 2018, 6 (2): 80-89.

⑤ Gandolfi, E. Beyond diagonal sciences: Applying roger caillois's concepts of symmetry and dissymmetry to journey [J]. *Games and Culture*, 2017, 12 (4): 361-380.

⑥ du Gay, P. Introduction [C]. in P. du Gay (ed.), Production of culture/cultures of production. London, England: Sage, 1997; Slack, J. D., & Wise, J. M. Culture and technology: A primer (2nd ed.) [M]. New York: Peter Lang, 2007.

⑦ Johnson, R. What is cultural studies anyway? [J]. Social Text, 1986, (16): 38-80.

也是意义建构的必要条件。[①] 文化循环在流动的过程中，各个时刻联结、重叠的交会之处被称为“接合”（articulations），这是意义成为焦点且需要重新商讨的关键之处。[②] 文化与权力需要在特定的情境中与更广阔的文化实践相互交织，这启发研究者将文化的生产与消费实践带入更广阔的社会发展与结构中进行分析，从而反过来理解社会的本质。[③]

在文化循环理论中，传受双方共同参与其中，这体现了文化的民主本质，即受众是文化循环中的关键一极，发挥着拼接循环中各个时刻的重要作用。[④] 同时，资本的文化中介（intermediaries）在文化意义的生产与消费方面的作用也十分重要，因为文化中介在文化循环中的生产（production）

---

① Holtzhausen, D. R. Postmodern values in public relations [J]. Journal of Public Relations Research, 2000, 12 (1): 93-114; Curtin, P. A., & Gaither, T. K. Privileging identity, difference and power: The circuit of culture as a basis for public relations theory [J]. Journal of Public Relations Research, 2005, 17 (2): 91-115; Benecke, D. R., Simpson, Z., Le Roux, S., Skinner, C. J., van Rensburg, N. J., Sibeko, J., & Meyer, J. Cultural intermediaries and the circuit of culture: The Digital Ambassadors project in Johannesburg, South Africa [J]. Public Relations Review, 2017, 43 (1): 26-34.

② Curtin, P. A., & Gaither, T. K. Privileging identity, difference and power: The circuit of culture as a basis for public relations theory [J]. Journal of Public Relations Research, 2005, 17 (2): 91-115.

③ Curtin, P. A., & Gaither, T. K. Privileging identity, difference and power: The circuit of culture as a basis for public relations theory [J]. Journal of Public Relations Research, 2005, 17 (2): 91-115; Curtin, P. A., Gaither, T. K. Contested notions of issue identity in international public relations: A case study [J]. Journal of Public Relations Research, 2006, 18: 67-89; Curtin, P. A., Gaither, T. K. International public relations: Negotiating culture, identity, and power [M]. Thousand Oaks, California Sage Publishing 2007; Schoenberger-Orgad, M. NATO's strategic communication as international public relations: The PR practitioner and the challenge of culture in the case of Kosovo [J]. Public Relations Review, 2011, 37 (4): 376-383.

④ Carvalho, A., & Burgess, J. Cultural circuits of climate change in UK broadsheet newspapers, 1985-2003 [J]. Risk Analysis: An International Journal, 2005, 25 (6): 1457-1469; Woodward, K. Lived actualities of cultural experience and social worlds: Representing David Bowie [J]. Continuum, 2017, 31 (4): 499-508; Livingstone, S. Active audiences? The debate progresses but is far from resolved [J]. Communication Theory, 2015, 25 (4): 439-446; Mayer, V. Research beyond the pale: Whiteness in audience studies and media ethnography [J]. Communication Theory, 2005, 15 (2): 148-167. doi: 10.1111/j.1468-2885.2005.tb00330.x.

时刻对符号意义与文化价值进行解释、选择和编码。[①] 不过，在文化意义的生产与建构中，传受双方的地位并不对等，文化中介在受众融入文化循环之前，就对文化产品或文本进行筛选、评估，从而制造意义，最终形成一个紧密的文化制作循环，过程中几乎不考虑也不需要观众的回应。[②] 由此，文化中介在融入文化产业的编码实践方面比一般公众更有特权，它们利用这种特权在文化产品中植入关于身份认同的识别符号、吸引特定的文化消费，因此，文化中介进行的文化生产实践更多。[③]

（三）文化循环理论的反思

文化循环体现了构成社会和文化世界要素的流动性，致力于分析社会关系的动态变化，为分析文化文本与产品提供了体系化的理论与方法框架。[④] 文化循环的概念超越了文化研究中的各种“孤立主义”（isolationism）分析方法，建构了全面阐释文化生产的基本面向，这意味着文化循环始终保持与现实生活经验和物质社会的联系。由于这种密切联系，文化循环理论被认为可以用来反映某种社会与经济的不平等。[⑤] 不过，文化循环理论将

---

① du Gay，P. Introduction［C］. in P. du Gay（ed.），Production of culture/cultures of production. London，England：Sage，1997：1-10；Johnson，R. What is cultural studies anyway?［J］. Social Text，1986，（16）：38-80；Soar，M. Encoding advertisements：Ideology and meaning in advertising production［J］. Mass Communication and Society，2000，3（4）：415-437；Hepp，A. Cultures of mediatization［M］. London：Polity Press，2011；Baudrillard，J. For a critique of the political economy of the sign［M］. London：Verso Books，2019.

② Schroeder，J. E. Visual consumption［M］. New York：Routledge，2002；McNaughton，M. J. Guerrilla communication，visual consumption，and consumer public relations［J］. Public Relations Review，2008，34（3）：303-305.

③ Kobayashi，K. Globalization，corporate nationalism and Japanese cultural intermediaries：Representation of bukatsu through Nike advertising at the global-local nexus［J］. International Review for the Sociology of Sport，2012，47（6）：724-742.

④ Hall，S. The spectacle of the other［C］. in Stuart Hall（ed.），Representation：Cultural representations and signifying practices. London：Sage Publications & Open University 1997：7；Hall，S.，Jessica E.，and Nixon S. Representation（2nd ed.）［M］. London：Sage Publications Ltd，2013.

⑤ Dean，D.，& Jones，C. If women actors were working［J］. Media，Culture & Society，2003，25（4）：527-541.

重点从“经济基础决定上层建筑”这样“自上而下”单向的静态关系结构，转移到将文化视作变革社会关系的动力的不断循环的动态关系结构上去，这样更能显示其反映复杂多变现实的有效性和实用性。① 作为一种启发性的理论模式，文化循环影响了整个文化研究的范式，是一种有效的分析方式，也是对社会实践的一种复杂、多元的表达和呈现，极具应用价值和研究价值。

当然，文化循环理论也并非完美无瑕。有的学者从内容入手提出文化循环理论的局限，他们认为如果简单套用理论框架中的五个时刻，会降低文化分析的复杂性，从而忽略文化生产中的变动特征；而这种对变动的忽略会使得文化循环理论难以在社会与经济现实不断更迭的情况下对文化分析进行自反性的反思。②

还有学者从文化循环模型的提出阶段入手反思该理论，认为杜盖伊及其研究团队虽然强调循环中的五个时刻于整体而言是平等的、环环相扣的，但其实过分突出和强调了表征的重要性，对生产这一时刻的关注十分有限。这种偏向性的理论建构方式意味着该团队的视野局限于文化循环内部各个时刻，而并非将文化生产循环视作整体加以分析。③ 另外，尽管杜盖伊等告诫人们不要过于认真地对待不同过程之间的区别，声称他们只是为了分析方便将文化循环的不同时刻分开而已，但有学者质疑将文化循环划分为五个时刻的做法，其实就已经切断了这些时刻之间本来相互交织的

---

① Woodward, K. Lived actualities of cultural experience and social worlds: Representing David Bowie [J]. Continuum, 2017, 31 (4): 499-508.

② Pezzullo, P. C. Contextualizing boycotts and buycotts: The impure politics of consumer-based advocacy in an age of global ecological crises [J]. Communication and Critical/Cultural Studies, 2011, 8 (2), 124-145; Carvalho, A., & Burgess, J. Cultural circuits of climate change in UK broadsheet newspapers, 1985 - 2003 [J]. Risk Analysis: An International Journal, 2005, 25 (6): 1457-1469.

③ du Gay, P. Introduction [C]. in P. du Gay (ed.), Production of culture/cultures of production. London, England: Sage, 1997: 1-10; Dean, D., & Jones, C. If women actors were working [J]. Media, Culture & Society, 2003, 25 (4): 527-541.

复杂联系。①

（四）文化循环理论的应用

文化循环理论启发了众多前人研究，将文化放置在研究逻辑的中心对文化生产与消费实践加以考察②，为认识社会关系与本质提供了新的视角与思路，因此在国内外学界被广泛应用。

首先，文化循环理论常被用于分析受众，从而揭示日常的、微观的侵入策略如何重塑与矫正了媒介形式与媒介商品，迫使学术界承认边缘化的声音、无法预知的个体体验与日常生活在文化循环中的重要性。③ 这也是为什么文化循环可以被看作探究社会民主本质的文化分析框架，即其将受众视作其理论中的关键一极，发挥着拼接循环中各个时刻的重要作用。④因此，文化循环理论被认为形成了一种超越自由市场资本主义逻辑的反西方中心主义的视角，将常被忽略的受众群体纳入文化研究的视野之中，探究

① Thompson，K. Introduction ［C］. in K. Thompson （ed.），Media and Cultural Regulation. London：Sage，1997；Deleuze，G. and Guattari，F. Kafka：Towards a minor literature ［M］. trans. D. Polan. Minneapolis：University of Minnesota Press，1986；Deleuze，G. and Guattari，F. Capitalism and Schizophrenia 2：A Thousand Plateaus ［M］. trans. B. Massumi. Minneapolis：University of Minnesota Press，1987；Dean，D.，& Jones，C. If women actors were working ［J］. Media，Culture & Society，2003，25 （4）：527-541.

② Benecke，D. R.，Simpson，Z.，Le Roux，S.，Skinner，C. J.，van Rensburg，N. J.，Sibeko，J.，& Meyer，J. Cultural intermediaries and the circuit of culture：The Digital Ambassadors project in Johannesburg，South Africa ［J］. Public Relations Review，2017，43 （1）：26-34；Gaither，T. K.，& Curtin，P. A. Examining the heuristic value of models of international public relations practice：A case study of the Arla Foods crisis ［J］. Journal of Public Relations Research，2007，20 （1）：115-137.

③ Harrison，A. K. “Cheaper than a CD，plus we really mean it”：Bay Area underground hip hop tapes as subcultural artefacts ［J］. Popular Music，2006，25 （2）：283 - 301；Pezzullo，P. C. Contextualizing boycotts and buycotts：The impure politics of consumer-based advocacy in an age of global ecological crises ［J］. Communication and Critical/Cultural Studies，2011，8 （2）：124-145.

④ Livingstone，S. Active audiences? The debate progresses but is far from resolved ［J］. Communication Theory，2015，25 （4），439 - 446；Mayer，V. Research beyond the pale：Whiteness in audience studies and media ethnography ［J］. Communication Theory，2005，15 （2）：148 - 167. doi：10. 1111/j. 1468-2885. 2005. tb00330. x.

受众是如何被嵌入更广泛的文化生产与消费过程之中。[①]

其次，文化循环理论相关研究还特别凸显文化中介（intermediaries）的重要作用，特别是其作为积极的社会行动者如何凭借自身在文化消费与生产方面的地位在文化循环中扮演更具影响力的角色。[②]因此，文化循环理论也常被用于分析意见领袖[③]、商业团体[④]、媒体报刊[⑤]等中介的文化意义建构过程。这些研究将文化循环视作文化经济中产生意义的符号化实践，相应地，构成文化产品（artifacts）的符号代码都是由不同的机构和个人在文化循环中协商而成的，而特权身份、阶级差异与权力结构在符号化实践和协商中发挥着核心作用。[⑥] 因此，有学者认为文化循环的模型可以通过打开生产与消费之间的解释学和行动空间，将媒体（包括平台和算法）力量理论化。[⑦]

国内许多学者将文化循环理论应用到传播学、文学、艺术等涉及文化产品及文化现象的研究领域。首先，有学者将该理论应用于研究文化制品的意义及流通，强调通过观察各个元素在循环中接合的过程，分析

① Pezzullo, P. C. Contextualizing boycotts and buycotts: The impure politics of consumer-based advocacy in an age of global ecological crises [J]. Communication and Critical/Cultural Studies, 2011, 8 (2): 124-145; Livingstone, S. Active audiences? The debate progresses but is far from resolved [J]. Communication Theory, 2015, 25 (4): 439-446.

② du Gay, P., Hall, S., Janes, L., Mackay, H., and Negus, K. Doing cultural studies: The story of the sony walkman [M]. London: Sage, 1997.

③ Woodward, K. Lived actualities of cultural experience and social worlds: Representing David Bowie [J]. Continuum, 2017, 31 (4): 499-508; Wynn, J. R. Guides through cultural work: A methodological framework for the study of cultural intermediaries [J]. Cultural Sociology, 2012, 6 (3): 336-350.

④ Harrison, A. K. "Cheaper than a CD, plus we really mean it": Bay Area underground hip hop tapes as subcultural artefacts [J]. Popular Music, 2006, 25 (2): 283-301; Abiolu, R., & Teer-Tomaselli, R. Media broadcasters as agents of participatory communication through audience involvement: MultiChoice's strategies [J]. Critical Arts, 2018, 32 (5-6): 1-16.

⑤ Carvalho, A., & Burgess, J. Cultural circuits of climate change in UK broadsheet newspapers, 1985-2003 [J]. Risk Analysis: An International Journal, 2005, 25 (6): 1457-1469.

⑥ Curtin, P., & Gaither, T. K. International public relations: Negotiating culture, identity, and power [M]. Thousand Oaks, California: Sage Publishing, 2007.

⑦ Livingstone, S. Audiences in an age of datafication: Critical questions for media research [J]. Television & New Media, 2019, 20 (2): 70-183.

文化制品的内在意涵。比如，魏麟权和荣文学将城市马拉松看作一种人工制品文化，采用文化循环理论探索我国城市马拉松赛事。[①] 其次，也有学者从霍尔对“表征”的阐述出发，利用文化循环理论中的“表征”进行研究。比如，刘丹凌在研究国家形象的建构机制时，详细分析了“表征”国家形象的三种渠道，得出结论为国家形象的建构不是单一表征运作的结果，而是一系列表征意指实践的过程，从而进一步提出一种特殊的“文化循环”形式和表征意指实践过程——国家形象表征链。[②]此外，文化循环理论也常被运用于亚文化研究，而且其应用研究涉及的学科相当广泛，并不局限于新闻传播学科，还包括设计学、艺术学、旅游学等学科。这些领域的研究都在不同层面完善和补充了文化循环理论的研究视野。

但是总体而言，国内学界对该理论的应用主要是套用理论模型，在具体语境中重新阐释文化循环理论及其要素，或梳理文化循环理论的形成、模式、特征、各要素意涵。有小部分研究补充了五个时刻或其动态联系，对原有的理论维度有所完善，还有个别研究具备学科融合的思维，对原理论模型做出了创造性的重构。但整体而言，国内学界在“文化循环”理论模型的创新方面仍较为薄弱。因此，本书希望除了对中国电竞文化研究有所贡献之外，也在应用文化循环理论的这一研究脉络下有所贡献。

三　本书逻辑架构

文化循环理论从文化的角度研究具有生产和商品属性的文化产品或过程，对文化意义的生产与消费实践加以考察，因此它为认识社会关系与社会

① 魏麟权，荣文学．文化循环理论视域下我国城市马拉松赛事初探［J］．四川体育科学，2020（2）：102-105+119.

② 刘丹凌．国家形象建构：作为表征意指实践的“文化循环”［J］．南京社会科学，2016（4）：107.

本质提供了新的视角与思路。[①]特别是，文化循环理论肯定了文化具有民主本质，即每个个体都可以创造文化，每个领域和行业都可以形成自己特有的文化。[②] 因此，我们将中国电竞视为一种产业和行业，采用文化循环的理论框架分析其在中国语境下特有的文化表现。本书的论述逻辑如下。

第一，在文化循环理论中，表征位于领导和统治地位，表征即图片、文字和技术等符号组合构成的语言表达。因此，本书将首先关注电子竞技话语在中国新媒体中的表征，通过选取 2018~2021 年“人民电竞”和“腾讯电竞”公众号的报道样本展开幻想主题分析（Fantasy Theme Analysis，FTA），探讨中国电子竞技话语在新媒体平台是如何创造符号的，又是如何通过对幻想的复诵推动对电子竞技的情感响应和经验趋同而产生共通的表征世界以形成修辞视野的，最后这些幻想主题和修辞视野将共同构成中国电竞的文化表征。

第二，认同是表征发挥作用的形式，我们将探究在中国电竞的具体文化场域下文化认同是如何形成的。我们发现作为中国传统社会认同的爱国主义认同，在近几年中国电竞场域不断涌现，表现为“电竞爱国主义者”的身份认同。这种新的认同在过去电子游戏被污名化的压力下逐渐形成，使爱国主义认同的边界得以扩大。我们将在中国电竞的具体文化语境中，探究爱国主义认同在国家、行业、个人等不同行动者的作用下是如何形成的。

第三，生产也是文化意义表征的重要手段，是由新的文化生产表征出来的意义，有时也会对传统规则发起挑战。我们将把中国电竞视为一种文

① Benecke, D. R., Simpson, Z., Le Roux, S., Skinner, C. J., van Rensburg, N. J., Sibeko, J., & Meyer, J. Cultural intermediaries and the circuit of culture: The Digital Ambassadors project in Johannesburg, South Africa [J]. Public Relations Review, 2017, 43 (1): 26-34; Gaither, T. K., & Curtin, P. A. Examining the heuristic value of models of international public relations practice: A case study of the Arla Foods crisis [J]. Journal of Public Relations Research, 2007, 20 (1): 115-137.

② Woodward, K. Lived actualities of cultural experience and social worlds: Representing David Bowie [J]. Continuum, 2017, 31 (4): 499-508.

化创意产业来研究，采用商业生态系统理论的三个层次（生产力、稳健性和生态位创造）系统地分析电竞产业的演变和生产机制，并阐述对电竞生态系统有贡献的、活跃的新兴利益相关者，包括地方政府、媒体集团（如腾讯）和其他相关者的参与情况，探索电竞产业是否可以为中国数字化社会中的文化创意产业（简称“文创产业”）拓展一个新的融合领域，某些创新性的电竞文化“生产”是否能够反过来引导“认同”。

第四，消费与表征一样，都是意义传递的环节，而且中国电竞的爱国主义认同在某种程度上可以刺激和提升消费，而选手和观众的消费也是爱国主义认同的表现。不过关于消费环节，我们将主要聚焦电竞行业内部的物质文化消费和关系网络，关注中国电竞的媒体、信息和技术等方面的物质基础，它们代表了电竞行业本身的硬件设备消费和电竞玩家、爱好者等行为者的物质文化消费。中国电竞的文化生产和消费背后不仅体现了物质产品的流通，还蕴含了文化意义的流通。

第五，规则要素包含了中国电竞需要适应和遵守的政府政策、行业规则以及具体的比赛和竞技规则等外部规则，但也包括电竞从业者的自我规约。当把中国电竞放置在更大的社会环境和社会规则中来看时，电子竞技已经超越了体育和游戏，成为一场发生在新社会背景下的元变革。我们将以中国电竞运动员的亲身经历为切入点，探究中国电竞从业者，尤其是职业运动员，是如何通过自我企业化规约成为一个全新的、自主企业化的主体的。

第六，我们将以中国最大的媒体企业集团和电竞行业的引领者腾讯公司的平台化为个案，分析和研究在平台管理背景下中国电竞的平台结构，以及这种结构是如何支撑五个文化循环要素相互发展、相互作用的。自中国宣布建设体育强国以来，中国对网络游戏和手机游戏行业进行了根本改革，我们将探讨由直接的国家治理与商业化、专业化的过程引起的权利交互和权力流动，通过研究和运用关于基础设施平台化和平台基础设施化的概念，探究中国电竞产业的伞状结构是如何形成的，中国电竞的文化循环又是如何在这种结构中实现的。

第一章　中国电竞文化的新媒体表征：基于修辞实践的幻想主题分析

在文化循环理论中，斯图尔特·霍尔尤其强调表征的重要性："表征是某一文化众成员间意义生产和交换过程中的必要组成部分，它包括语言的、各种记号的及代表事物的各种形象的使用。"①霍尔认为表征通过语言产生意义，存在两个表征系统：个体通过赋予特定事物意义，形成意识的表征系统（或称精神表征系统）；用语言符号将意识形成的概念表达出来，从而建构起文化的意义系统，实现文化内部和文化间意义的交流，这就是意义的表征系统（或称语言表征系统）。文化表征的基本手段是语言符号，而表征事物的方式便是使事物有意义。霍尔的文化表征理论强调了文化实践者的能动性，为阐释语言表征的意义生产提供了一种更具体、更合理的思路，这种思路也适用于对中国电竞文化表征的分析。

从文化循环的理论角度，我们可以说，中国电竞的文化意义是由表征系统构成的，即由行为主体与电子竞技的相互关系决定，而不只由电子竞技本身决定，也不只由行为者单独决定。这一表征又是通过语言和话语表达实现的，即电竞领域内各类行为者的情感、意识、动机和需求通过语言表征系统得以外化和表达，而中国社会和国家对电竞的认知态度本质上也是与电竞行业本身的表征实践密切关联的。电竞的文化表征实践是赋予中国电竞以象征意义、文化形象、话语风格的重要途径，几乎决定了一般局

① 斯图尔特·霍尔．表征：文化表象与意指实践［M］．徐亮，陆兴华，译．北京：商务印书馆，2003.

外人对中国电竞的认识和想象，在电竞领域内则成为被广泛分享和认同的通用意义。

回顾现有与中国电竞的意义或文化表征相关的研究，我们发现它们主要从话语变迁入手，讨论媒体特别是传统媒体在理解和呈现电子竞技过程中特定话语的流变，这种流变反映了中国社会、媒体和国家对电竞的认知变化，而这些认知也是电竞文化表征的一种侧面体现。比如在对中国传统主流媒体《人民日报》中有关游戏报道的文本数量、关键词和历史变迁趋势的分析过程中，有学者指出了中国社会对电竞的认知经历了“纯真年代”“洪水猛兽”“爱恨交织”“载舟覆舟”的四个阶段，并形成了“危害青少年”“产业经济”“文娱新方式”“信息技术”“治安管理”“电子竞技”六大话语框架。[①] 当我们进一步分析传统媒体中有关“电子竞技”报道的具体内容时，便会发现纸媒实际上也会通过隐喻、互文等修辞策略表达电子竞技促进体育事业与经济发展的观点，内容涉及比赛、训练、国家队、俱乐部、职业选手、直播、产业等不同的领域，为中国电竞建构了一定的正当性和积极的文化表征。

但是，现有研究主要停留在对报道数量和背后折射的社会问题的讨论，是从社会的角度评价和分析中国电竞，并不是基于电竞行业本身的文化表征，也并未深入了解在电竞群体交流中创造和共享的语言符号，也较少涉及语言修辞背后的情感响应以及行动者的动机等内容，同时也容易忽视新媒体环境下的视频报道和互动评论话语等内容。

因此，本章聚焦电竞行业本身的文化表征，深入探讨电竞群体创造和共享的语言符号，由此理解话语修辞背后的情感与动机，从而更好地从文化的角度理解中国电竞的意义产生机制。因为文化表征的基本手段是语言，即主要通过语言产生意义，所以我们需要探讨的是，哪些语言和话语可以代表中国电竞的符号意义和文化表征。在探索和研究过程中，我们发

① 何威，曹书乐．从“电子海洛因”到“中国创造”：《人民日报》游戏报道（1981-2017）的话语变迁［J］．国际新闻界，2018，40（5）：57-81.

现采用幻想主题分析法可以帮助我们更好地采集、筛选和提炼中国电竞的文化表征。如果仅从语言的角度来看，中国电竞的文化表征在某种程度上便是其幻想主题，幻想主题便是其文化表征。下面我们将首先介绍幻想主题分析的理论和方法，以及本章的研究思路。

一　幻想主题分析：理论、方法与研究设计

（一）理论概念与方法实践

幻想主题分析法主要用来揭示小群体成员如何通过沟通和对话形成对共同行为的想象与解释，进而探讨其引发了何种共情与群体认同，形成了哪些通用语言和话语，因而是理解特定群体文化表征的有效方法。[①] 该理论内部的结构分为以下三部分。

第一部分：发现和安排反复出现的交流形式和模式，表明共同的群体意识演变。

第二部分：表述交流系统内的动态倾向，意在解释群体意识产生、持续、衰退和消失的原因及其在群体内的意义。

第三部分：解释人们在做事情时分享他（她）们幻想的原因。[②]

在该理论中，“幻想（fantasy）”是对事件的升华和创造性解释，以满足群体的心理或修辞需要，也具备一定的真实性，没有完全脱离对象本身。分享群体幻想可以给参与者带来一定的感情融和，并在一定程度上达成符号融合，形成共同话语，从而将群体置于一种符号氛围和文化中，实现思想上的交汇。这种“群体性的幻想”带来的一致的连锁反应和戏剧化

① 董天策，杨龙梦珏．健康风险认知中的“女孩疫苗”话语——基于对知乎 HPV 疫苗话题讨论的幻想主题分析［J］．现代传播（中国传媒大学学报），2021，43（10）：39-45+52.

② Bormann，E. G. Symbolic convergence theory：A communication formulation［J］. Journal of Communication，1985，35（4）：128-138.

内容就被称为“幻想主题”。[①]

幻想主题是幻想主题分析法中最小的分析单位，是引燃个体情绪感应与连锁反应的信息内容，用来考察一个群体如何理解和解释特定事件，以及采用的语言符号与群体行为动机之间的关系。[②]“幻想主题”主要在群体成员间的话语复诵中形成，并作为一种群体认知图式来诠释议题或事件。[③]该方法的分析框架主要包括以下三个核心概念。

首先，幻想主题（fantasy theme）主要通过情境（setting）、人物（person）和行动（action）三个主题片段构筑起想象事件的具体要素，并在认知世界中构建象征性现实。[④] 另外，合法性机制也常被用于分析特定话语为何能说服受众。[⑤] 幻想主题呈现的内容可能是文字的（如一个字、一个名词、一句话），也可能是非文字的（如颜色、图像、手势）。[⑥]

其次，当众多相似的幻想主题被成员分享时，便会形成幻想类型（fantasy type）。幻想类型是对若干个幻想主题的归类和提炼，表示一系列具有相似故事线、情感、调性的幻想主题的集合。[⑦] 幻想类型既是连接幻想主题和修辞视野的桥梁，也是一种普遍的、对想象概念的抽象化，它使人能够在没有特定表达方式的情况下，对特定对象做出回应，从而使特定团体共享相同的想象，而当语境扩大为更广泛的社会环境时，这些幻想类

---

① Bormann，E. G. Symbolic convergence theory：A communication formulation［J］. Journal of Communication，1985，35（4）：128-138.

② 胡建斌. 叙事学视阈下的春节故事传播研究［D］. 华中科技大学，2017.

③ 原永涛，曾娅洁. 作为一种传播研究方法的幻想主题分析［J］. 今传媒，2021，29（9）：147-150.

④ 原永涛，曾娅洁. 作为一种传播研究方法的幻想主题分析［J］. 今传媒，2021，29（9）：147-150.

⑤ 董天策，杨龙梦珏. 国族的想象：作为修辞实践的网络民族主义——对B站《中国历代疆域变化》弹幕的幻想主题分析［J］. 国际新闻界，2021，43（4）：24.

⑥ 林静伶. 语艺批评——理论与实践［M］. 台北：五南，2000.

⑦ 原永涛，曾娅洁. 作为一种传播研究方法的幻想主题分析［J］. 今传媒，2021，29（9）：147-150.

型就会成为特定群体在更大公共领域中群体认同和自我表达的标签。①

最后，当幻想主题形成类型并被群体成员复诵时，修辞视野（rhetorical vision）便会在团体中呈现。从根本上讲，修辞视野是人类对特定世界和某种社会现象的认识模式。② 较之幻想主题与幻想类型，修辞视野是更为宏观的符号真实和特定的价值观，隐性地引导社群成员以同样的思维框架看待问题。③ 可以说，一种修辞视野反映的是一个团体的世界观和思考方式，帮助团体成员思考和表达他们在某些情境中的适当作为。④

从方法实践来看，幻想主题分析法主要有五个步骤：第一，找到重要的、隐蔽的、有意义的符号融合现象；第二，把反复出现的幻想文本逐一审查，并留意每个幻想主题；第三，试图从反复出现的幻想主题中寻找幻想类型，从而建构修辞视野；第四，界定修辞视野背后的动机；第五，评估修辞视野。⑤

本章将采用幻想主题分析框架探讨中国电竞的文化表征，因为幻想主题分析法是对特定人物、情景和行为的分析模式，很适合用于对电竞的新媒体表征进行归纳和分类。而且，电竞的语言表征经由多种媒体属性中的话语互动，生成了一定的象征趋同，进而形成了电竞行业对自身的整体性认知，这也正是分析中国电竞文化表征的重要内容。

（二）研究设计

1. 样本选择

首先，我们选取公众号而非传统纸质媒体，主要是因为电竞本身就是

① Bormann, E. G. Fantasy and rhetorical vision: Ten years later [J]. Quarterly Journal of Speech, 1982, 68 (3): 288-305.

② 原永涛，曾娅洁. 作为一种传播研究方法的幻想主题分析 [J]. 今传媒，2021, 29 (9): 147-150.

③ 陈宏. 陆籍配偶族群媒体之语艺分析：以台湾“两岸家庭论坛”为例 [J]. 传播与社会学刊，2016, (35): 215-252.

④ 林静伶. 语艺批评——理论与实践 [M]. 台北：五南，2000.

⑤ Foss, S. K. Rhetorical criticism: Exploration and practice [M]. Long Grove: Waveland Press, 2009.

信息通信技术的产物，电竞领域的文化表征和相关行为者的话语生产可以说主要来源于网络新媒体，新媒体是中国电竞文化表征的重要载体和传播者。此外，选取新媒体可以更好地理解相应环境下官方媒体与商业媒体对电子竞技的修辞实践，并且其中涉及的音视频、评论互动等内容也可纳入考察范围，因为这些内容也是电竞文化表征与话语生产的重要来源。

其次，本章选取具有代表性的公众号为样本进行分析。我们选取《人民日报》旗下的“人民电竞”公众号以及腾讯旗下的“腾讯电竞”公众号展开分析。选取这两个公众号主要出于以下两个维度的考量。第一，“人民电竞”在公众号上的发文时间早于微博，其自 2017 年 9 月 30 日发布第一篇公众号文章涉足电竞事业后，开始正面看待电竞的价值，摆脱了玩游戏就是“玩物丧志”的传统思维定式。“腾讯电竞”则是自 2010 年开始布局电竞后逐渐形成数字内容产业矩阵，基于游戏又超越游戏，形成了集科技、竞技、娱乐、社交于一身的数字娱乐文化体育平台。第二，尽管上述两家公众号定位不同，考察电竞的视角亦可能有所差异（这也正是本书分析的内容之一），但均存在一致的对象和报道模式，具有共享相同或相似幻想视野的可能。

关于样本时间选取和文本抽样，本章首先收集“腾讯电竞”与“人民电竞”自发布首篇推文之日以来的全部微信推文（“腾讯电竞”从 2017 年 3 月 24 日开始，“人民电竞”从 2017 年 9 月 30 日开始），在细读标题的前提下最终将研究时间限定在 2018 ~ 2021 年，在这个时间段“人民电竞”（编码为 A）有推文 1271 篇，“腾讯电竞”（编码为 B）有推文 1723 篇。之后，我们根据年份对样本进行分层抽样，最终选取了“人民电竞”的文本 253 篇，“腾讯电竞”的文本 344 篇。

2. 分析过程

首先，探索并假设可能的幻想主题。初步分析两家公众号的文字、视频、图片与互动内容，判断其中重复出现的语句，推测存在幻想主题的可能性，并了解这些重复出现的语句如何在投稿者、编辑、读者之间的文本互送中传达与共享。在这个过程中，我们发现某些特定的赛事举办场所、电竞玩家话语、评论员赛事评价等文本以及中国国旗、配色等视觉内容都可能在电竞共享幻想主题的过程中被赋予特殊的意义，存在成为电竞幻想主题的可能。①

其次，通过初步探索得来线索与角度，收集并分析相关的论述，进一步了解相关文本的修辞情境。由于两家公众号文章当中涉及赛事场馆、比赛地点背景（如亚运会）、特定电竞选手以及跨国际的其他国家选手，因此在本部分将进一步了解相关文本及其话语、角色的修辞情境。

再次，确定幻想主题。作为幻想主题分析法当中的最小单位，电竞幻想主题一方面来自文本复诵过程中的词句，另一方面还存在于图片等视觉文本中。在既定的情境、人物和行动三个主题以及合法性机制这四个层面对文本进行抽取与分类。

最后，基于对电竞幻想主题的分析，进一步归纳出幻想类型，从而建构起中国电竞的修辞视野。这一部分的分析重点是把握电竞话语在公众号中的逻辑关系。

3. 幻想主题分析研究提问表的确立

如表 1-1 所示，接下来的分析将首先以此表为切入点，并结合研究目的向前推进，剖析幻想类型与修辞视野的建构。

表 1-1　电竞幻想主题分析研究提问问题

幻想主题	相关问题
情境主题	1. 场景发生的地点在何处，是现实存在的空间还是非现实空间的区域，如赛场、论坛或者特殊场域？ 2. 场景是否有特殊意义，是否有官方给予的额外权力，如政策、宣传（文化出海）等？ 3. 是否有重要道具是场景的一部分，如报告数据与实验研究等？

① 董天策，杨龙梦珏．国族的想象：作为修辞实践的网络民族主义——对 B 站《中国历代疆域变化》弹幕的幻想主题分析［J］．国际新闻界，2021，43（4）：6-29.

续表

幻想主题	相关问题
人物主题	1. 是否有某些抽象的主题采用人格化的方式来使戏剧变得合理，如某个电子竞技协会？ 2. 是否有某些故事性的戏剧角色（玩家），如全明星赛的明星、参演电竞影视剧的明星演员角色等？谁是好人谁是坏人？他们的角色特征是什么？人物描写到何种程度？这些人物是否被赋予了某种特殊意义？ 3. 人物采取行动的动机是什么？何种行为被称为我者行为？局外人为何被称为局外人，其背后的价值观是什么？ 4. 是否存在某个特定的敌人，他（们）是如何被描写的？ 5. 每种角色（玩家）类型被赋予的价值为何？“队友”是如何进行建构和描写的？ 6. 我者为什么被社群成员赞许？外人或敌人（如他国玩家）为什么被排斥？赞许背后隐藏着怎样的价值观念？
行动主题	1. 推动情节发展的行动是什么，如何解读这些行动？ 2. 哪个行动中包含了好人、坏人与配角的角力？这些行动是如何被论述的？ 3. 戏剧中合法者、中立者与敌人表现出怎样的行动？哪一种行动会被赞美、批评甚至反对，其背后包含了何种价值判断？ 4. 此戏剧在电子竞技观念中的地位是什么，在行动中是否有什么重要的意涵？人们如何被置于何种框架中？ 5. 主导戏剧发展的情绪有哪些？
合法性机制	1. 是否有哪种崇高的权力，如祖国万岁、中国必胜等观念促使角色采取行动面对危机？ 2. 是否有某种现行的口号或者浪潮促使戏剧获取合法性？ 3. 是否有某些传统美德、现代性的观念、道德标准或是特定现象、权力关系的存在促成戏剧接受和传播合理化？

资料来源：董天策，杨龙梦珏．国族的想象：作为修辞实践的网络民族主义——对 B 站《中国历代疆域变化》弹幕的幻想主题分析［J］. 国际新闻界，2021，43（4）：6-29.

二　幻想类型一：生而为赢，爱我所爱——电竞是一种生活方式

公众号一方面承担着各方电竞话语的汇集任务；另一方面也作为一个共享的修辞社群，使得言说者将中国电竞的发展历程与遇到的挑战同自身命运紧紧联系在一起。总体上看，他们共享着“生而为赢，爱我所爱——电竞是一种生活方式”的幻想类型，将宏大的赛事竞技场面与微观的个体

对游戏的记忆结合起来，共同连接起从传统街机游戏到电子竞技赛事变迁的修辞话语。“拿起手机，你就是电竞选手”也在选手个体层面激起了强烈共鸣，将全民电竞的氛围进一步推高（编号 A958）。尽管电竞职业玩家在修辞社群中占据核心位置，但包括教练、解说、赛事观众和粉丝在内的群体都成为这一角色主题中的重要组成部分。其中有因对电竞热爱而将普通爱好转变为谋生手段的电竞玩家——他们生而为赢，在国际赛事中为中国电竞取得耀眼的成绩；亦有因坚持电竞梦而采取某些改变自身生命轨迹的行动的电竞教练、解说、管理者和创业者。但是，无论言说者采取何种行动，其背后依旧隐含着“打铁还需自身硬”和“阳光总在风雨后”的合法性机制，用以言说并促进中国电竞的良性发展。

（一）情境主题

1. 承载儿时记忆的网吧

自互联网在中国普及，网吧就一度成为早期电子游戏的主要娱乐场所，承载了不少电竞玩家的早期游戏记忆。网吧这一角色与电子竞技的发展紧密结合在一起，比如许多行动者指出“很多比赛和电竞项目都是从网吧慢慢孵化出来的”（编号 A937）。在对于网吧的记忆中，电子竞技代表的是“选手们靠着 碗泡面、 瓶矿泉水过口了的年代”（编号 B354）。可以说，网吧既是可以共享言说者儿时记忆的场所，也是他们心中的“神圣”之地，保留着其心中对于电子竞技最初幻想与梦想的种子。而当言说者再次步入这一情境时，甚至可以找回当年自己的影子：

> 像我这样喜欢打游戏的人都有两个梦想，第一个梦想是一直打游戏，第二个梦想就是当网吧老板。（编号 A69）

> 大家一块玩玩 CSGO，我们能笑着闹着开玩笑谁是这网吧里最“菜”的，或者“煮酒论英雄”评下谁是最强的，就和二十年前在网

吧里的感觉一样，就挺开心的。（编号 A836）

对我而言，网吧这个词在我脑海里是比较神圣的，这个地方是出传奇的地方，也是儿时的梦想，比如我现在坐在网吧前台的时候，看到形形色色来网吧上网的人，就会想：也许里面有个人会和当年的我很像。（编号 A836）

2. 打响赛事的电竞馆

2009 年开始，中国的网吧市场规模开始逐年降低，但随着电竞行业的迅猛发展，越来越多的线下比赛出现在全国各地。市场对于电竞比赛场馆的需求日益增加，于是有些条件较优的网吧开始加强与赛事执行方的合作，也就有了“电竞馆”的概念。[①] 这一情境主题主要承担着各大电竞比赛（编号 A937、编号 B228），并在修辞社群中被建构成目前电竞产业管理者探索的方向之一（编号 A505）和难得的线下流量入口，正越来越受到赞助商、游戏厂商的重视（编号 A360），并与电竞战队文化紧密相连：

iFTY 电竞馆的每张座椅和桌子上，以及室内明显位置上，都镶上了 iFTY 的队标。（编号 A69）

此外，“网吧+电竞馆”等模式也是近年来非常火热的电竞线下业态形式（编号 A937）。修辞社群还将其所带来的影响进行了描绘，指出从这一情境的状态来看，现阶段的收入与投入很难达到平衡（编号 A505）。

（二）人物主题

1. 平凡、勇敢的热血玩家/战队

作为电竞行业最重要的组成部分，电竞玩家在修辞社群中常常被建构

① Paradox. 从网吧到电竞馆　换的不只是名字［J］. 电子竞技，2016（15）：70-73.

为平凡且热血的一群人，在追逐电竞梦想的路上经历“平凡的人生，（成为）不平凡的王者”（编号 A906）。这一系列经历形成的过程恰恰是言说者们讲述的重点：一方面，电竞作为一种新兴的兴趣爱好，能够在儿时广泛的爱好中脱颖而出实属不易，其中同时饱含着家人的支持和自身勇敢的坚持和奋斗，寄希望于自身能与电竞行业一同成长；另一方面，修辞社群将电竞玩家同平凡、普通且热爱生活的价值观念放置在同一话语体系中展开，指出他们作为“普通人”的一面：

> “能从事自己喜欢的工作，玩自己喜欢的游戏，这就是很开心的事情，我平时还会经常抽出时间来，在网上看一些提高情商的书籍，并且一直在学习英语，这样不仅出国旅游方便，也能更好地和他人沟通。”禹景曦告诉记者，他希望扎根于这个行业，并伴随着这个行业成长。（编号 B228）

> 其实还好，当时我们也没想过出名，只是想把游戏打好。本来就是个普通人，还是要回归正常生活。（编号 A527）

对于征战在比赛场上的职业电竞玩家来说，勇敢和不断向前的理想信念则是修辞社群赋予他们的特性。作为拥有很多珍贵比赛经验的老将，其常常把这些经验看作前期优势（编号 A125）；作为在修辞社群中被质疑能力的选手，更自信地表示出“但我有自信可以做得比他更好”的勇气也成为他们在赛场上的制胜武器。

> 稳定是每一位狙击手必备的素质。瞄准、开枪，面对对手只有一枪的机会，而这机会又转瞬即逝，Danking 成熟的心态无疑能帮助他在这点上做得更加出色。（编号 A302）

新选手如果可以想想自己有多么渴望胜利，这种紧张手抖也能更好地化为动力。（编号 B346）

可以说，这一幻想主题中所共享的修辞话语往往与个体的梦想和战队的荣誉紧密联系在一起，他们会将在赛场上的每一次战斗看作一次（甚至是唯一一次）完成自己梦想的机会（编号 A495）。而当电竞选手在面对抉择、荣誉时，让“自己变得更强，好好打比赛”等对胜利的渴望成为他们调节自身心态的良药（编号 B228）。

2. 电竞与生命轨迹交织下的奋斗者和见证者

这一人物主题中主要包括电竞理疗师、教练、解说、管理者和创业者。他们在修辞社群中并非边缘化的角色，而是在政策推动和自身选择等影响下，与电竞结下了不解之缘，最终为电竞行业的发展贡献了一份力量。在修辞社群的话语中，他们的命运因电竞而改变，同时在中国电竞的发展轨迹中亦有他们的身影，中国电竞在他们的见证与奋斗之下产生正面的积极影响——2020 年人社部中国就业培训技术指导中心发布报告显示，未来 5 年电子竞技人才缺口巨大，有数百万之多[①]，而在修辞社群之中，理疗师被言说者看作重要的随队“第六人”（编号 A198）。面对传统体育赛事中球队的解散和学生的娇气，曾经想在球队和教师岗位发光发热的刘叶航在修辞社群中成为实现人生梦想的“成都电竞见证人”：

“20 岁前我的梦想是足球明星，20 岁以后我踏入电竞行业，找到了自己的人生目标。”为了这个人生目标，年轻的刘叶航愿意倾其所有闯一闯。（编号 A135）

总体上看，这一人物主题中尽管每个个体的职业不同，但他们的人格

① 人社部：电子竞技员未来五年人才需求近 200W［EB/OL］.［2023-09-26］. https：//www.163. com/dy/article/FIAAJ6OB05268QMT. html.

化方式、动机与意图却始终指向因为热爱而为电竞贡献出自己的力量。正如修辞社群中将电竞与中国电影进行比较的修辞话语一样，如何更加接近“内核”是这一个群体想要实现的目标：

> 沈伟荣甚至拿时下的中国电影来举例，“那些所谓的粉丝电影，不就是这种只停留在逻辑上，觉得电影就是几个 IP 相加的粉丝群的四则运算，但却忽视了一个文化产品的内核”。(编号 A59)

3. 直面现实的电竞主播/解说

修辞社群中，电竞主播/解说这一群体不仅被建构成一群艰难的前行者，也被建构成敢于直面现实的一群人。言说者将电竞解说看作需要坚持但存在较大压力的一份职业（编号 A85）：一方面，他们需要理解观众对于赛事的观点，更要直面网络上对自己的评价，以至于成为一个“两边都得罪的人”，甚至“恳求”自己可以“少上两回热搜”(编号 A361)；另一方面，解说这一职业的上限也是这些主播在不断探索的维度。

> “解说依旧是我的一生所爱。但是下一年会有更高的目标吗？作为解说，收入和职业发展确实有个天花板，之后最好的结果也就是下一年再做一遍，”33 岁的 PapaSmithy 说，“当然不是所有的解说都总是想要更多，他们就想上班解说自己喜欢的游戏，然后下班回家。我尊重这些。但是我自己一直想要做得更多，比如给 LCK 的英语观众带来更多的内容。”(编号 A710)

对电竞主播而言，他们常常需要直面职业过程中的各种问题，而通过直面现实的方式却并不能总是带来良好的结果。言说者会将主播身份与电竞选手身份进行比较，当他们不能顾及因主播身份而带来的压力和复杂的身份认同危机时，电竞主播的身份对于他们来说并不能起到相当的正面效应：

> “最喜欢选手这个身份，只全身心专注自己喜欢的比赛就行了……压力最大的倒是主播身份，毕竟需要考虑和做的事情会比别的身份多一些。加上之前是作为一个技术主播在直播。但由于年龄增大，操作和反应方面实力会下降，所以有段时间压力特别大。”在白鲨看来，当不再年轻的自己无法在高强度的对抗里打出漂亮的成绩时，似乎是一种失败。（编号 B156）

4. 圆梦的残障观众

不同于其他几种人物主题，圆梦的残障观众这一人物主题并未在修辞社群中占据较大的篇幅：

> 他叫陆靖，是一位杜氏进行性肌营养不良症（DMD）的患者，也是一位英雄联盟赛事观众。比赛当日，在看台坐在轮椅上观赛的他非常兴奋，因为能来到 S10 现场观赛，是他最大的愿望……虽然 SN 最终并未夺得冠军，不过可以来到现场观赛，这让陆靖非常满足并且开心。（编号 A850）

在此修辞社群之中，对于残障观众的话语主要被两层所包裹。一是对其所患疾病的介绍，指出“由于这种疾病没有治疗的药物，目前无法治愈”之不幸；二是对修辞社群中官方话语的强调，指出在官方的扶持下，“赠予陆靖和他的陪同人两张门票，让他完成这个愿望”。这不仅体现了官方对于残障观众的关照，亦揭示了电竞对于任何人而言均具有较强的吸引力，电竞梦可以种在任何人的心中，谁都可以有机会圆梦（编号 A850）。

5. 纯粹、有爱的电竞粉丝

不同于明星粉丝通过线上打榜等方式为他们的偶像争夺在榜单中的

“一席之地”，电竞粉丝则更有可能参与到线下的赛事观战中，以表达他们对电竞赛事、玩家和战队的喜爱。由于这些粉丝本身也可以以一种非职业玩家的身份参与到平时的游戏中去，因此这一群体的存在相对而言更为纯粹和理性。修辞社群中的言说者将自身对电竞玩家的喜爱转化为实际行动，默默地做着自己喜爱的事情，他们会强调支持其变成粉丝的是电竞少年们的电竞精神。而且电竞粉丝这一人物主题具有很强的边界感，言说者会强调这一群体并非其他人眼中单纯的“信仰粉”，而是“充满了爱和温柔的信仰”。作为“硬核”粉丝，他们会本着对电竞的热爱，制作一千张非常精美、有纪念价值的胸牌赠送给准备为中国 DOTA 加油的观众，更会为这些被商家倒卖利用而愤怒。言说者指出电竞粉丝群体因为年纪小，极易发生不论对错全力维护崇拜对象的情况，他们不为选手行为买单，也从侧面表现出这一届 PEL 联盟观众更加理智成熟（编号 A1080）。

> 为观赛的粉丝们准备了不少的应援物，不同的是这次她省去了坐高铁、乘飞机，拖着行李箱、背着书包于陌生城市奔跑的过程。“这是一种爱好，跟生活是没办法完全分开的。电竞少年的向上、阳光、努力的精神真的是一直在激励着我。也许我之后的工作会比较枯燥，但是还可以追电竞，有喜欢的战队去缓解自己生活中的压力。”（编号 A114）

> 对此（胸牌被商家倒卖利用）唐古月表示非常愤慨：“这本就是一群非常有爱的 DOTA 粉丝自发的一个活动，为了让现场的人能拿到更多有收藏意义的东西，这也是我做这件事情的初衷，是纯公益性质的！”（编号 A374）

（三）行动主题：职业化路上的梦想坚持

修辞社群中的主流话语将玩家对电竞的喜爱看作一种追梦的过程。电竞承载了不少中国年轻人儿时的梦想，玩家在实现这一梦想的过程中通过职业化的方式站上更高的赛事平台，坚定初心。更重要的是，中国电竞的发展模式同样与职业化有着紧密的联系，言说者将其总结为“从追求娱乐到职业规划”的过程（编号 A1218）。

> 电竞在中国承载了很多年轻人的梦想。（编号 B192）

> 从追求娱乐到职业规划，正是一个人从普通玩家到职业选手的转变过程。随着中国电竞二十年的发展，电竞行业也逐步摸索出一套选拔人才的方法论。（编号 A1218）

然而，尽管追逐梦想的愿望是美好的，但修辞社群中对于“梦想何以更好地被实现”这一问题的讨论从未停止。追逐梦想和职业化的过程并非容易之事，不断打磨在电竞场上的内心就成为每个电竞选手实现自身梦想的必经之路。在政策层面，当面临社会舆论与认知的困境时，政府对电竞选手职业化梦想的引导就显得尤为重要。

> 从路人王真正蜕变成职业选手，是非常艰难的，不仅仅要求个人实力打法有所改变，更多的是还要拥有沉稳坚强的内心。但如果想要走得更远，真正地踏上职业赛场，路人选手们仍然需要继续不断的打磨（编号 A1113）。

> 然而在“梦想”与“忧虑”的双重影响下，围绕电竞总有观点相左的两方在相互拉扯，这就凸显出当下电竞在社会舆论与认知中面临

的困境，亦是引导其健康发展的契机（编号 B340）。

（四）合法性机制

1. 欲戴王冠，必承其重 & 打铁还需自身硬

这一合法性机制的存在主要源自言说者在修辞社群中将电竞选手在实现电竞梦想过程中的各种问题暴露于公众的视野中。对电竞选手而言，他们起到一定程度的社会效应和作用，特别是他们在游戏和生活中的所作所为更会影响到粉丝群体，以至于“电竞粉丝群体因为年纪小，极易发生不论对错全力维护崇拜对象的情况”（编号 A1080）。因此，这一合法性机制在修辞社群中可以总结为“欲戴王冠，必承其重”。换言之，即便言说者所共享的有电竞选手追逐梦想、生而为赢的话语，但由于比赛就会有输赢，故而“打铁还需自身硬”这样的话语和合法性机制正在被共享和复诵（编号 A488）：

> 选手是整个电竞生态系统的最直观代言人，一言一行都能够直接影响外界对电竞行业的看法。作为公众人物，“欲戴王冠，必承其重”，选手个人言行和品德，也应该成为考量选手个人价值的标准之一。（编号 A1080）

2. 坚定信念，风雨之后有彩虹

如果说困境是电竞选手所面临的重要挑战之一的话，那么直面困难、坚定信念和不服输的勇气则是他们在电竞场上成功的重要武器。在修辞社群中，言说者认为经历是一种宝贵财富，他们因为热爱参与到这项运动中来，所以对胜利的渴望促使其能够用一种不服输的勇气和信念证明自己的能力，并坚信风雨之后会有属于他们的成功。

> 我觉得这是新选手必须经历和面对的第一次，只有体验了、参与

了，你才知道下一次如何面对，你才会知道必须压制住心底的激动和紧张才能更好地打好比赛。新选手如果可以想想自己有多么渴望胜利，这种紧张手抖也能更好地化为动力……最关键的一点是对胜利的渴望，我们常能看到选手输比赛后流下眼泪，那是对胜利的渴望的证明。一个好的选手，会为了胜利和证明自己付出一切！（编号 B346）

“年轻，不服输”——这是 2016 年前后 CF 曾经使用过的品牌 slogan，也是最能诠释白鲨这一代 CF 选手的一句话。“历风雨而无惧，因热爱而无悔！”（编号 A156）

三　幻想类型二：与传统体育“掰手腕”——为中国电竞精神正名

除了电子竞技玩家和战队在自身热爱、团队配合以及不服输的勇气下追逐着属于他们各自的“电竞梦”外，“中国电竞”的话语在修辞社群中同样被激活，形成了基于中国电竞精神的文化表征。有别于因热爱和生而为赢的勇气得以在电竞场上驰骋的玩家，中国电竞精神往往在言说者的视角中可以与传统体育精神相提并论。在电竞行业多方行动者和言说者的共同努力下，中国电竞的故事正在修辞社群中被书写成具有中国特色的文化面貌，并在一个具有历史文明积淀的、公平的环境下竞放中国力量。

（一）情境主题

1. 历史悠久的古城

游戏和电竞产业作为文化产业领域的重要分支，在公共文化数字产业建设中发挥着举足轻重的作用。这一情境主题通常与电竞的赛事举办地有着紧密的联系，而这些举办地又不约而同地选择在了具有历史感的古城。

这些历史悠久的古城包括因电竞发展而设立电竞小镇的太仓市（编号A61）、成为城市新名片的西安曲江新区（编号A265、编号A326）、各大赛事项目争相落户的重庆（编号B317）以及因地理位置及樱花游而和电竞创新结合的武汉（编号A958、编号A989、编号A1019、编号B286）。

> 武汉的旅游资源也无须赘述，电竞吸引来的选手、线上及线下观众也极有可能超过传统体育赛事，赛事对于武汉当地旅游的拉动也值得期待。樱花游和电竞的结合创新十足，电竞这一新型体育项目相对于传统体育项目而言，也更能吸引年轻人目光，让武汉的城市形象更具活力。（编号A958）

> 西安作为近些年积极投入本地电竞产业化的代表性城市，先后成功举办了德玛西亚杯、KPL等多项顶级职业赛事，为以历史文化闻名于世的西安打上了“电子竞技”这个拥有庞大受众群体的新标签。（编号A326）

随着作为“新动能”的电子竞技产业对经济增长、消费增长、新增就业等的作用越发显著，中央和各地方的电竞政策也发生了较为明显的变化，特别是各级政府近年来陆续出台了数量较多的规范性文件，在整体上表达了肯定与扶持的政策导向。[①] 言说者复诵着地方政策对于电子竞技发展的扶持，以及电竞吸引年轻人、创新文化产业之成效。电竞企业与地方政府一直是互帮互利的关系，看似“亏本”的投资，却给当地带来了越来越多的电竞机遇，并将历史悠久的古城这一幻想主题与电竞紧密联系在一起（编号A61）。

① 刘福元，赵敬凯．“新动能”引领下电子竞技产业扶持的政策性诠释——基于98部规范性文件的实证分析［J］．社科纵横，2022，37（1）：122-133.

2. 包容万象的体育中心/俱乐部

电子竞技的比赛场馆并不局限在某一特定的空间当中，而是将传统体育的比赛场地，如体育中心（编号 B336）以及俱乐部（编号 A157）等一同纳入其中。言说者在修辞社群中复诵这些传统体育赛事举办场地之于电子竞技的重要意义，特别是在雅加达举办的亚运会将电子竞技纳为表演项目之一，这样一来，传统体育与电子竞技一道，共同建构起它们所共享的体育精神。以上海东方体育中心为例，言说者将其看作“上海体育产业的‘航母’”，拥有体育赛事、智慧体育、体育装备等核心支柱业务。而言说者将电竞与传统体育放置在统一的话语中，也在一定程度上共享着相似的戏剧化情感（编号 B336）。

（二）人物主题

1. 成功的行业领袖

在修辞社群中，“成功的行业领袖”这一人物主题的形成主要得益于中国电竞在蓬勃发展过程中所显现出的新机遇，使得各行业的“领军者”看到了电竞对于彼此未来发展的可能。此外，也有人因自身能力出众而成为电子竞技总会的形象代言人（编号 B88）。总体上看，言说者对于行业领袖入局可以总结为“变与不变”。对于“变化”而言，电竞作为新兴的行业，行业领袖需要深入了解行业内部，找到自身与这一行业的契合点，挖掘出电竞本身的价值。腾竞体育商务副总裁苏志立（Phil）就曾在修辞社群中指出电竞并不是昙花一现，电竞赛事的热度是长期持续并且拥有固定用户群体的（编号 A912）；非凡中国体育 CEO 李麒麟也曾共享过类似的话语。可以说，正是电子竞技独特的新价值，使得这些行业领袖以一种加盟者的身份入局：

> 我们觉得正好和 Snake 比较契合，所以就把它们当作我们在电竞的第一步，也是最重要的一步。以后我们会更深入的了解电竞。（编

号 A209）

而对于“不变”而言，则主要集中在行业领袖所共享的体育精神层面。在他们看来，传统体育与电子竞技之间的一个共同点在于体育精神的一致性，并在修辞社群中复诵对于共享体育精神之情感，坚定入局的信心：

> 尤其当我们进入电竞行业后，会发现在这里，团队的合作以及带来喜悦的体育精神，90%以上是跟传统体育带来的相匹配的，并没有太多的区别，对此我非常有信心。（编号 A209）

2. 积极拥抱电竞的基层人士

在推动电子竞技产业不断向前发展的过程中，“全民电竞”的概念正在深入修辞社群所复诵和共享的话语之中，不断推进“全民电竞”观念的除了前文所关注的电竞玩家、教练等“核心人员”外，各基层人士同样起着至关重要的作用。他们不仅在推进这一观念的过程中完善自身对电竞的认知，还可以为当地的发展贡献自己的力量。从总体上看，这些基层人士是电竞发展过程中不可或缺的，其职业已经与电竞发展交融到一起，并做出了卓越的贡献。言说者将修辞社群中的基层人士建构成非常“普通”的一群人，而正是这些普通人成为支撑当地电竞产业发展的“顶梁柱”，更成为参与到电竞行业中的“一把老手”：

> 他（太仓市科教新城管委会副主任王永健）从一个视电子竞技为洪水猛兽的“顽固派”，逐渐转变为太仓电竞产业的“顶梁柱”之一。“我必须了解电竞这个产业，才能知道俱乐部的痛点，知道它们需要的是什么。”（编号 A61）

> 接电话的顾老师显然是“有备而来”，对所提出的各种问题轻松应答，或是认真解答，或是巧妙转移话题。甚至在有的问题提出之前，一股脑地将关键信息全部甩出来。(编号 A81)

而这些基层人士在某些言说者的话语中更成为深入参与到电竞行业中的“一把老手”：

> 他戴着黑框的眼镜，留有干净的寸头，虽然今年刚 33 岁，已经被有的同事称为老金了，但在比赛现场，更多人称他为金秘书长。
>
> “是副秘书长，这个称谓不能错。”
>
> 与此同时，对于电竞的热点新闻，他如数家珍，这让我着实惊讶。我没有想到眼前的这个微胖身材的男子，竟然对电竞这么了解。(编号 A288)

3. 努力向前的电竞运营者

这些电竞运营者的身份主要包括俱乐部经理（编号 A220）、文化传媒公司 CEO（编号 A335）、资本创始人兼董事长（编号 A460）、亚电体联主席（B122）、集团 COO（编号 B133）等。这些角色主题一方面深入电竞产业内部，在诸如商业付费模式等方向深耕，并在相对而言较为微观方向上努力向前：

> 他是一个游戏视频内容的创业者，在开始时并没想明白商业付费模式，只是觉得游戏内容的关注群体很大……在分析了常见的游戏视频之后，他觉得游戏内技巧分享的部分还存在大量机会，因此选择了这个方向。(编号 A335)

另一方面言说者还从更加宏观的维度出发，指出电竞在发展过程中需要注意的事项，以及自身对于电竞的期望。这些话语往往和他们的自身经历紧密相关，并且这一系列经历也与传统意义上的体育属性和个体记忆有着千丝万缕的联系：

> 体育属性、高成长性，这是韩大为眼中电竞的特质，也是电竞吸引他的原因。而除了这些特质，他本人的从业经历，也让他和电竞结缘。（编号 A460）

> 我们希望在虚拟体育这条赛道上做得更加专业化和职业化，能向传统体育多学习，共同在虚拟体育这里发光、发热。与此同时它也是电竞和传统体育之间的桥梁，很多足球爱好者现实当中没有时间和条件完成足球运动，但他可以抽时间在电脑上、手机上玩一下足球游戏，以此来延续他的热爱。（编号 A220）

4. “她经济”与女性玩家

该人物主题在修辞社群中生成了相对复杂的话语。首先，言说者将女性玩家看作有别于男性玩家的群体，指出她们在电竞赛场上与男性的差异，而这种差异似乎很难在短时间内改变。其主要原因在于实力上的差距以及性格层面的不同：

> 不出意外的话，电竞的女性选手，要想提高待遇，仍需要证明自己的实力，同时还要花费一定的时间来改变人们的观念……至少依照现状来看，女性选手想给自己真正打上“职业”的标签，完全靠打职业电竞赛事来证明自己并让物质生活水平有所保障，难于上青天。（编号 A355）

在这一层面上，女性玩家在赛场上的表现还被言说者与现代奥林匹克运动会中的性别歧视进行了比较。在言说者看来，即便女子可以参加所有奥运会项目，但这并不能够说明体育界的性别歧视已经消除，赞助、媒体报道等方面的区别对待，依然让女性运动员受到一定困扰。不过，对比职业电子竞技，传统体育在女性职业赛场的发展已经走在了前面（编号A956）。

其次，另一层意义则是指女性玩家在电子竞技场上的巨大潜力——这不仅包括女性移动电竞玩家数量的增多（编号 A1172），还包括巨大的消费能力。在修辞社群中，言说者复诵着女性在电竞中的巨大价值；游戏当然不能等同于电竞，但在所谓的“轻电竞”“移动电竞”领域，女性正在成为市场的主力人群（编号 A400）。

5. 知名的游戏学者

修辞社群中的游戏学者常被建构为一种“指明灯”的身份，他们一方面强调电竞的教育体系问题，指出可以把电竞通识加入传统教育的学科中，让电竞和其他学科融合，为学生提供跨学科资源；另一方面则强调中国电竞走出去的问题，即让中国电竞能够成为承载中国文化的一种媒介，走向世界。这样一来，一个成熟的电竞生态应当是多样化的，需要打破性别、阶层、年龄等壁垒，包括重大赛事和日常生活的内容（编号 A450）。

（三）行动主题

1. 运用法规政策规范电竞市场

电竞是经济、文化、技术等综合实力的体现，目前中国依托庞大的受众群体和超大的市场规模，已在这一领域形成一定的优势，但仍需从更高站位来审视行业发展。在修辞社群中，同样存在有违法规政策行为的处罚在群体之中共享，这些行为包括斗鱼“吃鸡阳光服”开挂处罚（编号A9）、玩家单方违约的处罚（编号 A14）等。而诸如市委、市政府的相关政策性文件［如中共北京市委、北京市人民政府印发的《关于推进文化创意产业创新发展的意见》（编号 B146）］更在一定程度上为电竞产业发展指明了方向。在言说者看来，电竞行业之所以能发展到现在这个黄金时代，靠的是踏实做事、解决问题，而不是靠嘴、靠骗（编号 A890）。可以说，无论是法律法规的约束还是相关处罚话语的共享，都在一定程度上起着提醒、警示和监督的作用：

> 实际上，违约、跳槽这些在主播圈算是一种“家常便饭”，这种无序竞争已经被不少人视为一种“常态”，所以在张大仙人气暴涨的情况下，他的跳槽并没有让人感到特别意外。倒是企鹅电竞方面的“执着”有些出乎意料，但没有利用舆论攻击，通过司法手段来维权在推进行业规范化上，倒是起到了表率作用。（编号 A14）

2. 打造赛事 IP，竞放中国力量

针对电竞产业在发展过程中的现状和各种问题，企业、个人等多层面参与到修辞社群之中，为电竞未来的发展提供了方向。其中，电竞文化和爱国话语成为言说者分享的重点。在言说者看来，中国的“电竞梦”是每一个电竞玩家的梦，也是中国电竞行业中各环节共同的梦。从宏观层面来看，如何让中国电竞文化、IP 走向世界，如何打造具有国内乃至世界影响力的赛事 IP，甚至如何讲好电竞故事以传达中国声音是现阶段需要考虑的重点。而对于电竞玩家而言，“为国争光”四个字成为其复诵程度较高的一个词。

> 网易希望通过在电竞领域的发力，给这个行业注入新的力量，也希望能和电竞产业各环节、各位合作伙伴共同携手，让中国电竞更加精彩，推动中国电竞进入百家争鸣、共同繁荣的新时代。让中国的电竞文化走向世界，让同一个世界，同享一个竞技梦。（编号 A22）

> 希望未来以促进城市文化发展，传播电竞文化为基础，为全国电

> 竞爱好者打造的人民电竞超级联赛能成为国内具有很强影响力的赛事IP。(编号 A364)

> 电竞的故事如何讲好，如何影响社会，这个话题更像一份摆在电竞人面前的社会责任，发展到最后，电竞能给社会带来什么，电竞作为“科技+体育”，少不了文化的支撑，尽管时间发展的利好会让十年、二十年后的社会主流了解认同电竞，但此时的我们应该去传递电竞正能量的声音。……我们该思考如何挖掘赛事、选手背后的励志故事和感动带给社会。(编号 A861)

3. 传统体育与电子竞技相互渗透

伴随着电竞的不断发展，电竞和传统体育之间的壁垒正在由于双方的互相需要而被一点点地打破。言说者认为，传统体育赛事的用户积淀、品牌价值与电竞项目屏幕外的年轻血液，是双方合作的基础，且这一基础可能会长期稳定地存在（编号 A452），而且事实上传统体育在电竞领域的发力已经越来越频繁（编号 A562）。但是，修辞社群并没有忽视电竞作为“后起之秀”的身份，其一方面承认“电子竞技应该学的都是传统体育最好的地方”（编号 A470），另一方面也承认电竞与传统体育追求公平公正精神、观众参与模式（以及受众群体）的一致性（编号 A869、编号 A531）。而对于粉丝群体而言，这种相互渗透的过程更能为他们提供一定程度的归属感。在这一过程中，修辞社群中共享着让电子体育走向奥运舞台的目标，并志在为这一目标而不懈奋斗。

> 这个逻辑和传统体育的全明星赛一脉相承，都是给予观众在赛前的参与感。他们不仅要看“神仙打架”，还要决定谁是那个“神仙”。(编号 A531)

这些过去曾在传统体育领域有过作为的人，在推动电竞进一步发展上也会更加的游刃有余。（编号 A539）

在未来的工作中致力于让电子体育走上奥运会的舞台，提升电子体育在全世界人民心中的地位。（编号 B122）

四　永远在路上，一起向未来：电子竞技修辞视野的建立与讨论

由以上两种表征类型（即幻想类型），可以进一步构建出中国电子竞技在新媒体平台话语中共用的宏观文化表征，即“永远在路上，一起向未来”的修辞视野。

从文化表征的个体层面来看，电竞玩家因自身热爱和对梦想的坚持而加入电竞队伍。网吧是他们童年的一段宝贵记忆，而电竞馆和体育中心/俱乐部的存在更为他们实现自己的梦想添砖加瓦。不止如此，一群与电竞息息相关的奋斗者和见证者成为电竞产业的重要组成部分，他们的生命因电竞的出现而发生了一系列的改变，而这也与其自身的热爱有着重要联系。另外，在电竞路上的还有直面现实各种困难的电竞主播/解说、圆梦的残障观众和因爱而爱的电竞粉丝等。正是这一系列人物的存在，使得修辞社群共享着电竞是一种生活方式的话语表达——电竞玩家通过职业化的方式追逐自己的梦想，其他群体则在各自的轨迹中奋进前行，交织在一起的是对电竞共同的热爱，即便存在各种困难，他们依旧有克服困难的勇气与信念。热爱、拼搏、奋斗等话语成为中国电竞在个人层面的文化表征。

从文化表征的宏观层面来看，修辞社群中的电竞话语往往“挪用”和借鉴了传统体育精神的修辞话语，如“更高、更快、更强、更团结”等，当成功的行业领袖、积极拥抱电竞的基层人士和努力奋斗的电竞运营者共

同加入电竞队伍中时，其职业化、专业化和奋斗精神也在一定程度上弥合了电竞与传统体育竞技之间的差距，增强了电竞行业的自信心和自我认同，共同分享体育行业的文化表征。中国电竞行动者甚至希望通过加入奥运会的方式为电子竞技的精神正名，并在修辞话语中畅想电子竞技之未来。

“永远在路上，一起向未来”成为电竞领域在公众号中共享的文化表征的高度概括。根据前文分析，本章给出如下的文化表征分析结果（见表1-2）。

表1-2　电竞幻想主题的文化表征分析结果

<table>
<tr><th>幻想主题</th><th>幻想类型</th><th>修辞视野</th></tr>
<tr><td>情境主题：承载儿时记忆的网吧
打响赛事的电竞馆
人物主题：平凡、勇敢的热血玩家/战队
电竞与生命轨迹交织下的奋斗者和见证者
直面现实的电竞主播/解说
圆梦的残障观众
纯粹、有爱的电竞粉丝
行动主题：职业化路上的梦想坚持
合法性机制：欲戴王冠，必承其重 & 打铁还需自身硬
坚定信念，风雨之后有彩虹</td><td>生而为赢，爱我所爱——电竞是一种生活方式</td><td rowspan="2">永远在路上，一起向未来</td></tr>
<tr><td>情境主题：历史悠久的古城
包容万象的体育中心/俱乐部
人物主题：成功的行业领袖
积极拥抱电竞的基层人士
努力向前的电竞运营者
“她经济”与女性玩家
知名的游戏学者
行动主题：运用法规政策规范电竞市场
打造赛事IP，竞放中国力量
传统体育与电子竞技相互渗透</td><td>与传统体育“掰手腕”——为中国电竞精神正名</td></tr>
</table>

五　本章小结

本章采用幻想主题分析方法，尝试分析以“人民电竞”和“腾讯电竞”公众号为代表的新媒体平台的电竞话语是如何创造符号的，又是如何通过幻想推动受众对电竞的情感响应和经验趋同，而后产生共同的象征性世界，形成修辞视野的。经过提炼与研究，我们发现“生而为赢，爱我所爱——电竞是一种生活方式”和“与传统体育‘掰手腕’——为中国电竞精神正名”成为电子竞技的两种幻想类型，并以此共享了“永远在路上，一起向未来”的修辞视野，这些幻想类型和修辞视野构成了中国电竞的文化表征，即一种顽强拼搏的、热爱与个人追求的、充满体育精神和追梦情怀的蓬勃向上的职业与行业。

然而，如果把本章对中国电竞文化表征的研究结果，与目前对电竞的相关研究放在一起进行批判性审视的话，便会发现以下问题。

首先，由于两个数据来源的先决性倾向限制，本章的分析结果基本是以正面态度看待中国电竞发展的。不管是个体层面的追梦者，还是力图从传统体育精神中借鉴和汲取话语的电竞行业本身，电竞话语总是被建构成一个具有光明未来的“八九点钟的太阳”，即一种完全积极向上的文化表征。但其实，有关电竞的核心意义和其他文化面向被遮蔽在相对正面的话语中。比如，电竞的部分文化表征与中国传统价值取向相违；我国体育文化现状与电子竞技所依托的成熟社会体育文化基础相距甚远；电竞的“造星模式”与中国传统倡导的成才路径相悖。这样一来，未来中国电子竞技的发展可能也会走上一条崎岖、坎坷的前进之路①，而这恰与本章得出的“永远在路上，一起向未来”的修辞视野有所出入。

其次，当我们深入剖析文化表征内部的幻想主题时，还会发现这些文

① 蒋毅，孙科，熊双．中国电子竞技发展困境的文化阐释［J］．成都体育学院学报，2022，48（1）：49-54.

本内部存在矛盾之处。如在“电竞入奥”的相关文本中，有相当一部分的文本将“电竞入奥”看作电竞受到了国家传统体育赛事的认可，但文本内部同样指出电竞加入诸如奥运会这一类传统体育赛事之艰难。例如，修辞社群曾指出，国际奥委会主席巴赫将电竞比作“杀人游戏”，强调这违背了奥运会的价值观，所以不会接受电竞。言说者强调“虽然巴赫的言论有站不住脚的地方，但作为传统体育领域的‘领头人’之一，巴赫的言论可以被视为不少传统体育人的风向标”（编号 A1210）。而正如易剑东在研究中强调的，“国际奥委会的项目遴选规则和惯例近期均不支持电子竞技成为奥运会项目的可能”①，这一观点也与幻想主题分析中所看到的言说者期待是相悖的。

故而，目前中国电竞的文化表征总体上呈现一种“被积极话语裹挟的电竞梦”之样态，但这种文化表征并不是中国电竞的全貌，甚至也不是修辞话语表征的全貌。如何在这些积极语言中找出并努力解决中国电竞在发展过程中的实质问题，则是修辞社群实践中必须面对和解决的问题。

① 易剑东．中国电子竞技十大问题辨识［J］．体育学研究，2018，1（4）：31-50.

第二章　中国电竞的爱国主义认同：国家权力、行业资本与个人梦想的三重接合

“认同”作为文化循环理论中的一环，是指文化对象影响受众的自我感知从而形成特定身份认同和社会认同的过程。认同是文化表征发挥作用的重要途径，也是话语实践中产生的社会建构；换言之，文化认同是一种话语建构的过程和结果，其本身有一定的偶然性、临时性和脆弱性，处于不断被重新建构的状态之中。中国电竞特殊的历史和社会语境，给了我们一个很好的机会考察不同行为者对电竞身份认同的宣称、建构和表演，因为电竞行业提供了一个全新的、尚未完全决定的空间，使每个参与者都有机会创造性地展现或宣称自己的身份认同。而且，在这个过程中我们可以看出这种身份认同不仅是多元杂糅的，也是主动建构、动态接合的。

作为电子竞技载体的电子游戏长期以来被国家排斥，但最近几年却常常与国家关联并被国家话语接纳：2018 年《英雄联盟》季中冠军赛期间，“《中国日报》”“共青团中央”公众号等主流媒体报道了 RNG 战队夺冠的新闻；同年中国战队出征亚运会拿下金牌后，央视新闻及央视体育频道等多个官方媒体也进行了相关报道。这种关联和接纳还体现为电子竞技与“五星红旗”“中国战队”“为国争光”“国家荣誉”“国家软实力”等话语的不断连接，接合出一种共识性的“电竞爱国主义”。这与新近的“粉丝民族

主义”（fandom nationalism）[①]、“技术民族主义”（techno-nationalism）[②]、“爱国专业主义”（patriotic professionalism）[③] 和“嬉戏爱国主义”（playful patriotism）[④] 等有内在的关联，即都深植于中国当代民族主义特别是网络民族主义的历史脉络和漫长流变中，又都呈现于新媒体技术与民族主义的互动情境中。[⑤] 但是，“电竞爱国主义”认同又有其自身独特的复杂性，因为上述其他各种爱国主义或民族主义，主要体现为以社交媒体为代表的新媒体技术或者传播技术，是“一个技术/文化复合体”[⑥]，而中国电竞作为一种“异质元素的集群”（an assemblage of heterogeneous elements）[⑦]，不仅包括技术和文化，还包括经济、资本、政治与权力等多元要素与主体，体现了一种“多元互动”的权力博弈和文化景观。[⑧]

为此，本章聚焦中国电竞场域，考察场域内国家、行业、个人等不同行动者，如何在中国的特定情境中以特定的话语连接形式和实践过程，争夺性地形成一个“电竞爱国主义”的话语认同组合。具体而言，我们将着重探讨电竞场域中爱国主义话语接合的可能、形式、过程和意义，特别是国家权力、行业资本、个人梦想的“三重接合”（triple

① Liu, H. From cyber-nationalism to fandom nationalism [M]. Abingdon: Oxon, 2019.

② Hong, Y. Pivot to internet plus: Molding China's digital economy for economic restructuring? [J]. International Journal of Communication, 2017, 11: 1486-1506; Plantin, J. C., & de Seta, G. WeChat as infrastructure: The techno-nationalist shaping of Chinese digital platforms [J]. Chinese Journal of Communication, 2019, 12 (3): 257-273.

③ Hoffman, L. M. Patriotic professionalism in urban China: Fostering talent [M]. Philadelphia, PA: Temple University Press, 2010.

④ Chen, X., Kaye, C. B. V., & Zeng, J. Positive Energy Douyin: Constructing "playful patriotism" in a Chinese short-video application [J]. Chinese Journal of Communication, 2021, 14 (1): 97-117.

⑤ Wu, X. Chinese cyber nationalism: Evolution, characteristics, and implications [M]. Lanham, MD: Lexington Books, 2007; Liu, H. From cyber-nationalism to fandom nationalism [M]. Abingdon: Oxon, 2019.

⑥ Liu, H. From cyber-nationalism to fandom nationalism [M]. Abingdon: Oxon, 2019: 29.

⑦ Lin, Z., & Zhao, Y. (Dis) Assembling eSports: Material actors and relational networks in the Chinese eSports industry [J]. Critical Arts, 2021: 1.

⑧ Yang, G. The power of the internet in China: Citizen activism online [M]. New York, NY: Columbia University Press, 2009: 37.

articulation)，如何相应地将政治理念、经济利益和自我认同，历史性、实践性、能动性地接合形成一个复杂、动态，甚至临时的“电竞爱国主义”认同。

一　电竞与爱国主义认同

电竞如今已经被认可为体育运动的一种类型，而在中国的语境中，体育运动尤其是国际体育赛事是彰显爱国主义认同的重要场域，因为国家需要在一些明显真实可见的东西上体现国家认同，体育比赛正是这样一种彰显国家存在与认同的载体。[①] 因此体育比赛在中国往往被赋予深远的国家政治意义，“作为一种象征，表征着中国已经洗雪百年屈辱而成为民族国家共同体中的完整成员”[②]，承担着代表中国成为世界舞台重要参与者的责任。比如，2008 年的北京奥运会被学者认为代表着中国在国际舞台重建其“中央之国”地位的努力[③]；同时，奥运会也被认为是借由体育英雄召唤国家认同的一种“去政治化的爱国主义教育”[④]。因此，电竞作为体育运动，也便顺理成章地被认为与国家、国家认同、民族主义和爱国主义等宏大话语和意义联系在了一起。[⑤]

有关中国民族主义或爱国主义的研究是过去 30 年学界的一个重要主

---

① Smith, A., & Porter, D. (eds.) Sport and national identity in the post-war world [M]. London: Routledge, 2004.

② Xu, G. Olympic dreams: China and sports, 1895-2008 [M]. Cambridge: Harvard University Press, 2008: 6.

③ Zeng, W., & Sparks, C. Popular nationalism: Global times and the US-China trade war [J]. International Communication Gazette, 2019, 82 (6): 26-41; Zhao, S. Rethinking the Chinese world order: The imperial cycle and the rise of China [J]. Journal of Contemporary China, 2015, 24 (96): 961-982; Zhao, S. A revisionist stakeholder: China and post-World War II world order [J]. Journal of Contemporary China, 2018, 27 (113): 643-658.

④ Brownell, S. Beijing's Olympic education programme: Re-Thinking suzhi education, re-imagining an international China [J]. The China Quarterly, 2009, 1 (197): 44-63.

⑤ Ismangil, M. (Re) creating the nation online: Nationalism in Chinese Dota 2 fandom [J]. Asiascape Digital Asia, 2018, 5 (3): 198-224.

题。民族主义和爱国主义是紧密相关的一组概念，前者是指认为本国优于他国的民族优越感和意识形态，后者则是对本国的自豪感和情感依恋，两者的区别主要是，民族主义是通过本国与他国的比较而产生的情感与立场，而爱国主义主要是对本国自发的内在情感。① 但其实，这两者互为基础也互相生发，很多时候更多的是话语使用者的一种策略选择。② 尤其是在中国语境下，很多学者指出中国的民族主义和爱国主义是内在交织在一起的，因为20世纪90年代以来“国家推动”（state-led or state-sponsored）的“爱国主义教育运动”（patriotic education campaign），很多时候会诉诸民族主义话语特别是中国的历史屈辱与当下辉煌。③ 不过，除了这种自上而下（top-down）的“官方民族主义”（official nationalism），很多学者也关注到了民众自下而上（bottom-up）的“大众民族主义”（popular nationalism），特别是网络时代形式多样的“网络民族主义”，如“粉丝民族主义”和“嬉戏爱国主义”等。④

---

① Sinkkonen, E. Nationalism, patriotism and foreign policy attitudes among Chinese university students [J]. China Quarterly, 2013, 216: 1045-1063.

② Connor, W. Ethnonationalism: The quest for understanding [M]. Princeton: Princeton University Press, 1994; Smith, A. Ethno-symbolism and nationalism. A cultural approach [M]. London, UK: Routledge, 2009; Billig, M. Banal nationalism [M]. London, UK: Sage Publications, 1995.

③ Gries, P. H. China's new nationalism: Pride, politics, and diplomacy [M]. Berkeley, CA: University of California Press, 2004; Harris, P. Chinese nationalism: The state of the nation [J]. The China Journal, 1997, (38): 121-137; Zhao, S. A nation-state by construction: Dynamics of modern Chinese nationalism [M]. Stanford: Stanford University Press, 2004.

④ Zeng, W., & Sparks, C. Popular nationalism: Global times and the US-China trade war [J]. International Communication Gazette, 2019, 82 (6): 26-41; Guo, X., & Yang, S. The memetic communication and consensus mobilization in the cyber nationalist movement [J]. Chinese Journal of Journalism & Communication, 2016, 38 (11): 54-74; Liu, F. "Politically indifferent" nationalists? Chinese youth negotiating political identity in the internet age [J]. European Journal of Cultural Studies, 2012, 15 (1): 53-69; Wu, X. Chinese cyber nationalism: Evolution, characteristics, and implications [M]. Lanham, MD: Lexington Books, 2007; 刘海龙．像爱护爱豆一样爱国：新媒体与“粉丝民族主义”的诞生［J］．现代传播（中国传媒大学学报），2017，29（4）：27-36.

这些已有的概念对我们理解电竞爱国主义很有启发和帮助，但还需要通过对电竞爱国主义的研究进一步丰富这些概念。首先，已有研究主要聚焦于宏观的“国家”与“大众”的层面，对更多元的主体或行动者，尤其是个人层面的行动者及其体验还缺乏充分的观照；其次，由于主要聚焦于“国家”与“大众”，已有研究更多的是遵循自上而下和自下而上两个明确的线性方向进行研究，因此对更复杂的比如双向的、中介化的、网络状的研究视角缺乏足够的想象；最后，在“国家”与“大众”两个方向的民族主义关系方面，已有研究更多的是挖掘“大众民族主义”对“国家民族主义”的影响，因此更多阐释两者的紧张关系，而对更复杂暧昧的相互关系，比如“国家民族主义”对“大众民族主义”的规训与收编，以及后者对前者的示好与迎合，乃至两者之间的相互应用等，都还缺乏更有深度和细致的实证研究。

为了探索电竞爱国主义的丰富内涵，特别是其多元行动者的多向度互动关系，本章借鉴了文化循环理论在分析各个环节相互联系时采用的“接合理论”（theory of articulation），并挖掘“接合”的行动潜能，来研究电竞与爱国主义认同的关系。我们将尝试建构包含国家、行业和个人等不同“行动者”的“三重接合”（triple articulation）框架，帮助读者理解电竞与爱国主义认同之间关系的复杂性和暧昧性。[①]

① 拉图尔等的“行动者-网络理论”（Actor-Network Theory，ANT）启发我们，凡是能够通过施加影响而使事物改变状态的东西都可以称为“行动者”（agency），因此，“行动者”不仅指具有主观意识和意图的“行为人”（actor），也指非人类元素的“施动者”（actant），从而消解了二元对立模式下的主体与客体、人与非人以及物与非物等对立关系而换之以一种互相依存、互相影响、互相承认和互相认同的主体间性相与关系。从这个意义上看，鉴于国家和行业强大的施动能力，特别是其对电竞爱国主义特别的转译（translation）、修改（modify）、扭曲（distort）和改变（transformation）能力，包括国家、企业和个人在内的多主体系统不仅是这场电竞爱国主义工具化和物化的“客体”（object），也是重要的“行动者”（agency），需要我们解蔽其主体性和能动性。

二　理论概念与研究方法

（一）接合理论及其应用

“接合”概念最早来自马克思，原指不同生产方式之间的连接和关系，并且其中某一种生产方式结构性地凌驾于其他生产方式之上而占据支配地位。[①] 后来的马克思主义者如安东尼奥·葛兰西（Antonio Gramsci）和路易·阿尔都塞（Louis Althusser）也都是“接合理论”的重要创造者。再后来，厄尼斯特·拉克劳（Ernesto Laclau）和尚塔尔·墨菲（Chantal Mouffe）对“接合”概念进行了系统建构和理论提升，将“接合”界定为“一种话语的实践”[②]，这种话语实践有条件地、并非必然地接合起“意识形态和不同社会力量，意识形态内部的不同要素，以及社会运动中的不同社会团体等”[③]。

但是，斯图尔特·霍尔（Stuart Hall）认为拉克劳和墨菲的话语接合理论有过度强烈的话语色彩，甚至重新滑入新的话语还原论和本质论，并对此提出批评，“把一切实践概念化为话语，把所有历史行动者概念化为建构话语的主体”[④]。针对这种彻底的话语立场的流弊，霍尔转而凸显“接合”的实践性和历史性，即接合作为特定历史情境中的具体实践行为。霍尔更直接地概括了“接合”概念：“一种连接或环扣，在任何情况下它都不必然被预设为一种法则或生活事实，但它的存在要求特定的条件，这需要得到特定过程的积极支持，这一过程不是‘永恒的’，需要持续地更新，

① O'sullivan, T., Hartley, J., Saunders, D., Montgomery, M., & Fiske, J. Key concepts in communication and cultural studies [M]. London, UK: Routledge, 1994.

② Laclau, E., & Mouffe, C. Hegemony and socialist strategy: Towards a radical democratic politics [M]. London, UK: Verso, 2001.

③ Grossberg, L. On postmodernism and articulation: An interview with Stuart Hall [J]. Journal of Communication Inquiry, 1986, 10 (2): 53.

④ Grossberg, L. On postmodernism and articulation: An interview with Stuart Hall [J]. Journal of Communication Inquiry, 1986, 10 (2): 53.

会在某些情况下消失或被颠覆，从而导致旧的连接消解而新的联系——再接合——被锻造。”[①] 之后，霍尔又用“连接式”卡车的比喻对“接合”做出更直观、丰富、深刻的阐释：“一部车头（驾驶室）和车身（拖车）能够但又不一定必须彼此连接的卡车。两部分彼此连接，但是又是通过一个可以拆开的特定环扣连接起来的。因此，接合就是在特定条件下两个不同要素形成一个同一体的连接形式。这种连接一直都不是必然的、被决定的、绝对的和本质的。”[②] 自此，霍尔的接合理论逐渐系统化，成为文化研究中“最有生产性的概念之一”[③]。

不过，接合理论并非一种完成的、封闭的理论范式，相反，它始终处于不断迁移与发展的进程中，在不同领域接受批评、检验并进行自我完善与发展，这为我们将接合理论延展到电子竞技与爱国主义认同的研究奠定了基础。具体而言，本章将特别关注国家、行业和个人三类行动者，即国家权力、行业资本、个人梦想的“三重接合”如何根据各自的能动性，相应地将政治理念、经济利益和自我认同等异质性话语组合（assemblage）接合成一个复杂的、动态的，甚至矛盾的“电竞爱国主义”认同。

（二）研究方法

本章主要采用文本分析和深度访谈相结合的研究方法。文本分析法是兼顾理论和方法论意义的研究文学和文化的批判研究方法，聚焦“符号的解码”和“赋予‘新闻’意义的复杂编码”，特别适用于解读文本的政治

① Hall, S. Signification, representation, ideology: Althusser and the post-structuralist debates [J]. Critical Studies in Mass Communication, 1985, 2 (2): 112.

② Grossberg, L. On postmodernism and articulation: An interview with Stuart Hall [J]. Journal of Communication Inquiry, 1986, 10 (2): 53.

③ Slack, J. D. The theory and method of articulation in cultural studies [C]. in Morley, D., & Chen, H-S. (eds.), Stuart Hall: Critical dialogues in cultural studies. London, UK; New York, NY: Routledge, 1996: 113.

意图和意识形态等。[①] 为此，本章将与中国电竞相关的文本（官方政策文本及相关媒体文本等）及公开呼吁、形象、观点和偏见的模式视为塑造性的权力，并将文本中隐含的意义结构视为一种话语实践，然后在研究问题的指引下，对相应文本的语言构造、论证方式、思想观念、思维方式和情感特征等进行话语层面的描述、解释、归类、诠释和理论化。[②]

除了收集到的官方政策文件和官方媒体报告，本章还聚焦了近几年关于中国电竞夺冠的媒体报道文本。具体操作是，选取 2018 年 5 月的 RNG 夺冠、8 月的雅加达亚运会夺冠和 11 月的 IG 夺冠三次中国电竞重大事件，通过慧科数据库检索夺冠当日及三天后的新闻内容，得到 63402 篇文本，其中重要媒体文本 90 篇。同时，聚焦“人民电竞”（人民网下属）和“腾讯电竞”（腾讯下属）两个公众号，抓取两个公众号自建立以来的所有推文，得到 2570 篇推文（“人民电竞”1049 篇，“腾讯电竞”1521 篇），同样通过人工浏览定位出重要推文文本。另外，本章还特别聚焦具有代表性的电竞纪录片《电子竞技在中国》[③]，并对其进行文本分析，因为该片是中央电视台和腾讯电竞联合拍摄的，在某种程度上杂糅了“国家权力”和“行业资本”两股话语接合力量。

除了国家和行业两个面向的文本数据，本章还采用深度访谈的方法获取了相应的数据代表个人面向。具体操作上，我们对 5 家排名靠前的电竞俱乐部（基于目的性抽样）进行调研，并针对其电竞选手和教练等人员完成了 35 次深度访谈（基于滚雪球抽样）。所有受访者均同意我们对数据的

① Lee, R. E. Life and times of cultural studies: The politics and transformation of the structures of knowledge [M]. Durham, NC: Duke University Press, 2003; Titscher, S., Meyer, M., Vetter, E., & Wodak, R. Methods of text and discourse analysis [M]. London, UK: Sage, 2000; Smith, A. C. H., Immirzi, E., & Blackwell, T. Paper voice: The popular press and social change, 1935-1965 [M]. Totowa, NJ: Rowman & Littlefield, 1975: 19 & 21.

② 景怀斌，张善若．作为文本分析方法论的“文史哲”：意图与框架［J］. 中国社会科学评价，2021（1）：111-121+159-160.

③《电子竞技在中国》是一部 6 集电竞纪录片，于 2020 年 3 月 14 日起每周六晚 20：00 在央视频道《CCTV 发现之旅》播出。

使用，同时我们还对受访者进行匿名处理。本章的数据分析主要诉诸文化的阐释，并保留一定的“阐释的弹性”（interpretive flexibility）。[①] 换言之，本章侧重的是对电竞爱国主义话语实践的文化阐释，并期待这种阐释能为理解中国电竞的文化循环以及该理论中的其他环节提供洞察和想象力。

三　国家权力：接合、解接合与再接合

考察电竞爱国主义的话语接合，首先要将其放置到特定的历史情境之中；其次接合理论从一开始就提醒我们要从“传播模型”转向“情境理论”。[②] 研究电竞亦如是，虽然电竞游戏是个全球现象，但它仍然“根植于地方语境并受其形塑”。[③] 因此我们也需要首先回到中国语境，特别是国家对电子游戏的治理脉络等情境中。

20 世纪 80 年代电子游戏进入中国以来，街头游戏机、电视游戏机（如小霸王）、电子游戏、网络游戏等便被视作洪水猛兽一般，遭受一波接一波的批判浪潮，并背负一系列负面指控，如致人上瘾、荼毒青少年身心健康、影响中小学生学习成绩、暴力色情诱导青少年越轨和犯罪等，甚至被指责为“电子海洛因”而接连遭受家长控诉、媒体曝光、专家批判。[④] 这种社会性的游戏恐慌作为一种“现代性危险”，无疑是对国家监管的邀约，以期“恢复国家主导的模范型社会控制”[⑤]；国家不负众望应邀而来，将国家媒体接合进来，以媒体话语表征国家话语。

比如，从 1989 年 4 月开始，《人民日报》陆续刊文如《学生入迷，家长忧心，上海街头游戏机成灾》等和“读者来信”抨击电子游戏，并呼吁

① Hine, C. Virtual ethnography [M]. London, UK: Sage, 2000: 151.

② Grossberg, L. Cultural studies and in the new worlds [J]. Critical Studies in Mass Communication, 1993, 10 (1): 4.

③ Taylor, T. L. Raising the stakes: E-sports and the professionalization of computer gaming [M]. Cambridge, MA: MIT Press, 2012: 243.

④ 施畅. 恐慌的消逝：从“电子海洛因”到电子竞技 [J]. 文化研究, 2018 (1): 145.

⑤ 饶一晨. 网瘾少年与中国社会控制模式的变革 [J]. 文化纵横, 2015 (5): 64-71.

政府部门管治电子游戏及电子游戏室。2000年5月，《光明日报》刊文《电脑游戏，瞄准孩子的“电子海洛因”》，也引发社会舆论的强烈反响。同年7月1日，《人民日报》转发了《国务院办公厅转发文化部等部门关于开展电子游戏经营场所专项治理意见的通知》，该通知提出，“自本意见发布之日起，各地要立即停止审批新的电子游戏经营场所，也不得审批现有的电子游戏经营场所增添或更新任何类型的电子游戏设备”，并且在之后三个月，全国各地集中开展了针对电子游戏经营场所的专项治理行动。2001年8月17日，《光明日报》刊文《贯彻落实“三个代表”重要思想　大力整顿和规范文化市场秩序》，文章引用李岚清在全国整顿和规范文化市场经济秩序的电视电话会议上所指出的，“要进一步加大对电子游戏经营场所违法经营活动的打击力度，打地下、打转移、打反弹。要严格执法，压减总量，规范经营，彻底解决电子游戏危害社会的问题”。2002年的“蓝极速网吧事件”[①] 进一步引爆了国家媒体和社会公众对电子游戏及其经营场所（网吧）的愤怒情绪。当年9月国务院便颁布了《互联网上网服务营业场所管理条例》，并在年末暂停了新网吧的审批，各部委也进一步联合行动扼制电子游戏以及电子游戏室和网吧的发展。

因此，在这20年左右的时间里，电子游戏在官方主流媒体中的话语呈现便主要是负面的。[②] 直到2003年11月，国家体育总局宣布将电子竞技运动列为第99个（2008年又改列为第78个）正式体育竞赛项目，电竞的实际境况才开始稍有好转，即电竞开始与负面的作为“电子海洛因”的“电子游戏”话语解接合，而与体育竞技话语接合。只是这个解接合与再接合的过程也不是一蹴而就的，因为这仅仅是国家体育总局一个组织行动

① 2002年6月16日凌晨，两个十三四岁的孩子因为被网管以未成年人不得入内的理由拒之门外，二人便买来汽油一把火烧了这家名为“蓝极速”的网吧，造成25人死亡12人受伤。

② 洪建平．娱乐・教育・产业：电子竞技的主流媒介镜像——以《人民日报》（1978-2018）为中心［J］．成都体育学院学报，2018，44（4）：9-15+23；何威，曹书乐．从“电子海洛因”到“中国创造”：《人民日报》游戏报道（1981-2017）的话语变迁［J］．国际新闻界，2018，40（5）：57-81.

者的接合，其他更多的行动者如国家广播电影电视总局和官方媒体如央视等并没有参与接合，比如2004年4月12日国家广播电影电视总局发布了《关于禁止播出电脑网络游戏类节目的通知》，要求“各级广播电视播出机构一律不得开设电脑网络游戏类栏目，不得播出电脑网络游戏节目。同时，要在相应的节目中宣传电脑网络游戏可能给未成年人健康成长带来的负面影响，积极引导他们正确利用电脑网络的有益功能，正确对待电脑网络游戏”。之后与电竞相关的比赛和节目如《电子竞技世界》和《游戏东西》等都无法在官方媒体顺利播出。直到2016年，经过了10多年的发展和接合，越来越多的行动者参与进来，电子竞技行业才真正迎来爆发式成长。

2016年4月15日，国家发改委等24个部门联合印发了《关于促进消费带动转型升级的行动方案》，不仅明确提到将电竞比赛纳入十大转型升级消费行动，还指出“在做好知识产权保护和青少年引导的前提下，以企业为主体，举办全国性或国际性电子竞技游戏游艺赛事活动”。之后，在同一年各部委也相继出台了鼓励电竞产业发展的相关政策。比如，7月13日国家体育总局发布的《体育产业发展“十三五”规划》指出，要以电竞产业等为重点引导消费引领性的健身休闲项目发展；9月6日，教育部公布《普通高等学校高等职业教育（专科）专业目录》，“电子竞技运动与管理”新增到“体育类”专业中成为13个增补专业之一；9月21日，文化部发布的《关于推动文化娱乐行业转型升级的意见》提出，要支持打造区域性、全国性乃至国际性游戏游艺竞技赛事，带动行业发展；10月14日，李克强总理主持召开的国务院常务会议也提出，“要出台加快发展健身休闲产业指导意见，因地制宜发展冰雪、山地、水上、汽摩、航空等户外运动和电子竞技等”。

也是在2016年，央视开始更多地报道电竞赛事。2016年8月14日上午，在美国西雅图举行的第6届《DOTA2》国际邀请赛（TI6）总决赛上，中国参赛队伍Wings以3：1战胜DC，赢得了TI6的总冠军并获得超过912

万美元（约6049万人民币）的巨额奖金。中国战队的出色成绩终于引来了央视的关注，8月15日中午，央视三大频道CCTV-1、CCTV-2、CCTV-13几乎在同一时间报道了中国队夺冠的盛况，这在中国电竞史上还属首次。而且在报道中，这些电竞参赛队伍被冠上“国家”之名，以“中国战队”的身份出现在国家电视台，并被肯定为“捍卫了中国的荣耀”。

在此之后，中国电竞实现了更为迅速的发展，并在2018年的雅加达亚运会迎来了历史性时刻，尽管这时电竞只是作为表演项目（2023年的杭州亚运会成为正式项目）。在2018年的亚运会上，中国电竞团队参加了《英雄联盟》、《王者荣耀》（国际版）、《皇室战争》三个项目并获得2金1银的战绩，对此，“《人民日报》”公众号发布了《恭喜！亚运会〈英雄联盟〉决赛，中国队夺冠》的推文，推文在30分钟内阅读量便突破“10万+”。推文除了简单介绍比赛情况，主要内容还包括7张图片，其中3张是队员穿着印有国旗的国家队队服、2张是现场观众挥舞着大小不同的国旗、2张是赛后队员戴着奖牌举着国旗。国旗天然内嵌了甚至本身就代表了爱国主义话语及认同。①

《人民日报》旗下的人民网推出了“人民电竞”的社交媒体账号，并在2017年9月30日发出第一篇公众号推文，继而在2018年7月11日正式发布了第一条官方认证账号的微博文章。2019年国庆期间，“人民电竞”公众号连续四天发布四篇推文《人民电竞国庆特别企划：电竞赛场上国旗飘扬的那一刻》[（一）~（四）]，不仅一语双关地凸显了“人民电竞为祖国母亲庆生”，还追溯历史，把电竞与象征爱国主义认同的国旗接合起来。这时候，中国电竞已经成为一个“展示精心打造的民族主义和中国软实力”的平台；相应地，电竞冠军成为理想的爱国公民的象征，激励更多的年轻玩家“为中国梦奉献自己的身心”②。

---

① Billig, M. Banal nationalism [M]. London, UK: Sage Publications, 1995.

② Yu, H. Game on: The rise of the eSports middle kingdom [J]. Media Industries Journal, 2018, 5 (1): 93.

但是，电竞与爱国主义认同的接合并不必然意味着取消或者消解差异性，“不同实践之间的接合并不意味着它们会变得相同或一个会消解到另一个当中。每一个都保持了其特定的决定性和存在条件”[①]。因此，接合中的差异甚至矛盾是一直存在的；而且，接合视角还能深刻揭示矛盾，因为它“使我们思考不同的具体实践——尽管由不同方式、不同指向、不同时刻出现的矛盾接合而成——是如何可以被接合在一起进行思考的”[②]。因此，电竞爱国主义这一话语接合始终是充满矛盾和反复的。2017 年，腾讯出品的《王者荣耀》成为一个现象级的游戏和电竞产品时，新华社便连发三篇评论:《“王者”成“指尖上的印钞机” 别让赚钱成为唯一“荣耀”》(7 月 3 日)、《再评“王者荣耀” 没有责任血液的游戏注定走不远》(7 月 6 日)、《手游不该“游戏”历史》(7 月 10 日)。人民网也连发三篇评论:《人民网一评〈王者荣耀〉:是娱乐大众还是“陷害”人生》(7 月 4 日)、《人民网二评〈王者荣耀〉:加强“社交游戏”监管刻不容缓》(7 月 4 日)、《人民网三评〈王者荣耀〉:过好“移动生活”倡导健康娱乐》(7 月 6 日)。这些评论引起舆论哗然，形成了巨大的社会压力，腾讯相应地调整了部分游戏内容并发出游戏“限时令”，之后不断升级其防沉迷措施和实名验证机制。

由此可见，尽管电竞借由“体育运动”与国家接合，甚至成为彰显“爱国主义”认同的舞台，但是，因为电竞的“电子游戏”面向又使国家对此关联有所克制。因此，国家权力在电竞爱国主义认同的话语接合中起到了非常复杂和历史性的作用，包含一系列话语接合、解接合与再接合。而且，这种国家话语接合是一个暂时的、松散的、流动的过程，不同的话语在不同的阶段临时处于主导地位并发挥关键作用。但是，这一接合状态并不是完成式的，而是一个解接合和再接合的转换过程，其他差异性话语

① Hall, S. Signification, representation, ideology: Althusser and the post-structuralist debates [J]. Critical Studies in Mass Communication, 1985, 2 (2): 112.

② Hall, S. Cultural studies: Two paradigms [J]. Media Culture & Society, 1980, 2 (1): 69.

会在新的条件下解接合并进行新的再接合。这一解接合和再接合的转换过程，一是凸显了不同阶段不同话语相互博弈、相互连接、相互转译的过程，二是呈现了话语接合的接合形态和话语接合的动态性、异质性、复杂性甚至是矛盾性，三是暗示了这种接合形态是变化的、临时的、偶然的甚至反复的。

四 行业资本：数字话语和利益联盟的合法性接合

国家权力对电竞爱国主义进行复杂的话语接合、解接合与再接合的过程，不仅是不同话语在不同阶段临时性地处于主导地位并发挥关键作用，还表明了不同行动者在不同阶段也发挥了复杂的、多层次的、动态的关键作用。其实，接合理论一直就强调不同行动者在话语接合中动态的、非必然的和不均衡的相互关系，即不同行动者动态地充当“车头”（驾驶室）或“车身”（拖车）而形成支配与被支配、主导与从属的相互关系，同时又能接合其他要素，并在各种具体实践和效果之间建立起联系，“将这个实践与那种效果联系起来，将这个文本和那个意义联系起来，将这个意义和那个现实联系起来，将这些经验与那些政治联系起来。这些联系本身都被接合进更大的结构中”[①]。具体而言，电竞爱国主义话语接合的行动者不仅包括国家权力场域内的不同行动者，还包括国家权力场域之外的电竞行业行动者。其中，电竞行业在某种程度上已经发展为在国家权力下的一大行动者，且国家与之形成了主动与被动、主导与跟进的动态联系，共同接合进电竞爱国主义认同的话语结构中。

2021 年，国际知名游戏与电竞调查数据公司 Newzoo 公布的报告显示，2021 年全球电竞市场收入将从 2020 年的 9.47 亿美元增至 10.84 亿美元，

① Grossberg, L. We gotta get out of this place: Popular conservatism and postmodernism culture [M]. New York, NY; London, UK: Routledge, 1992: 54.

同比增长 14.5%；全球游戏直播观众数将在 2021 年达到 7.288 亿人，同比增长 10.0%。[①] 这些数据描绘了一个蓬勃发展的全球电竞市场，而从中国的电竞产业报告来看，中国电竞产业发展甚至还要更加乐观、更加迅速。2019 年由上海市委宣传部牵头出版的《中国电竞产业分析报告》显示，2018 年，中国的电竞营收达 1.64 亿美元，占全球市场的 18%；中国的电竞用户突破 3.5 亿人，观众人数达 1.25 亿人，占全球观众人数的 33%。报告还预计未来几年，中国电竞产业仍将保持高于 20%的高复合增长率，发展速度领跑全球。中国音数协游戏工委发布的《2020 年中国游戏产业报告》显示，截至 2020 年，中国电竞游戏市场营收已经连续 6 年保持扩张，2020 年的实际营收规模达到 1365.57 亿元，同比增长 44.16%；电竞用户达 4.88 亿人，同比增长 9.65%。

电竞产业的高速发展吸引了资本入驻。据作者不完全统计，截至 2020 年，新兴电竞产业已经获投资接近 200 起，金额超过 500 亿元。在强大资本的推动下，电竞产业链逐渐完善，并衍生出如电竞赛事、电竞直播、电竞 IP 等诸多细分领域。以腾讯电竞为例，腾讯作为中国电竞游戏的头部企业，在发展较为成熟的 MOBA 类及竞技逃生类电竞游戏中均拥有爆款产品。2020 年腾讯财报数据显示，腾讯游戏网络游戏收入为 1561 亿元，同比增长 36%，其中手游收入总额为 1466 亿元，主要由国内手机游戏（尤其是《王者荣耀》和《和平精英》）和海外市场《PUBGM Mobile》等贡献。[②] 同时，腾讯视频还衍生出了目前在中国影响力较大的职业联赛，我们通过 2021 年 LPL 春季赛微博观赛数据便可见一斑：赛事相关话题总阅读量超 456 亿，赛事讨论量为 5125 万[③]；2021 年 KPL 春季赛（第一轮）5 个平台直播间总活跃观

① NewZoo. 2021 全球电竞与游戏直播市场报告［EB/OL］.［2023-06-14］. https://newzoo.com/insights/trend-reports/newzoos-global-esports-live-streaming-market-report-2021-free-version-chinese/.

② 腾讯发布 2020 年财报：营收 4820.64 亿元［EB/OL］.［2023-08-05］. https://www.sohu.com/a/457279777_120046429.

③ LOL-LPL：春季赛微博观赛报告，话题阅读总量超 456 亿［EB/OL］.［2023-09-17］. https://baijiahao.baidu.com/s?id=1698174288411968923&wfr=spider&for=pc.

赛人次为246.1万，赛事关注总增量为52.2万人。①腾讯还并购电竞直播头部平台，并配合注资等一系列资本和运营操作，形成了一个笼罩整个电竞行业体系的“伞形平台”（umbrella platform）②，成为拉动整个电竞行业并以此推动政府相关政策改变的接合“车头”。

随着电竞产业的稳健发展，更多行动者被接合进来。2017年开始有包括中国传媒大学在内的38所高校陆续增设电竞专业；2019年4月，人社部、市场监管总局、统计局正式将电子竞技员和电子竞技运营师列为新职业。2019年，《每日经济新闻》也关注到，电竞产业从业者规模达到44.3万人，然而目前的专业人才供给仍无法满足电竞产业的高速发展。③同年人社部发布的《新职业——电子竞技员就业景气现状分析报告》预测，至2024年电子竞技员人才需求量将接近200万人。供需不平衡导致电竞从业人员的薪资普遍较高。人社部调研数据显示，不包含明星选手在内，86%的电竞选手、电子竞技教练、电竞数据分析师以及电竞项目陪练等电竞从业人员的薪资是当地平均薪资的1~3倍，达到11000元。④ 而明星选手的天价过会费则更甚，2017年电竞圈“韦神”携其战队——4AM从斗鱼转签约至虎牙的转会费为1500万元，2018年GK电竞俱乐部招募“老帅”（张宇辰）的转会费为1000万元，2018年UZI（简自豪）签约虎牙的签约费高达1个亿。

电竞行业这一组组铺天盖地的“数字话语”，极力证明和宣泄了自己的力量和影响，以及行业高速增长带来的绩效合法性，从而进一步强化了

① 2021 KPL春季赛数据报告［EB/OL］.［2023-09-17］. https://baogao.store/74109.html.

② Zhao, Y. & Lin, Z. Umbrella platform of tencent eSports industry in China［J］. Journal of Cultural Economy, 2021, 14（1）: 9-25.

③ 电竞选手成正式职业，全国44万从业者，平均月薪超一万［EB/OL］.［2023-08-05］. https://www.sohu.com/a/305968457_120099877.

④ 人社部．新职业——电子竞技员就业景气现状分析报告［EB/OL］.［2023-06-14］. https://www.sohu.com/a/323854248_100057771；中国电竞人才缺口达50万 从业人仅5万平均工资1.1万［EB/OL］.［2023-06-14］. https://www.sohu.com/a/367633657_120099902.

行业的政治合法性。由此可见，电竞场域已经不是一个单纯的“游戏场”，而是一个个的“名利场”和“资本场”，因此，电竞爱国主义不仅关乎国家权力话语接合、解接合与再接合的治理逻辑，还关乎电竞行业巨大的经济、资本和商业利益的驱动。而且，电竞行业资本与电竞爱国主义认同的接合同样是开放的，不仅接合了行业内部的不同行动者，比如游戏开发商、代理商、赛事承办商、运营商和赞助商，以及周边的硬件提供商、电竞俱乐部、各地方产业园区、电竞小镇和社会团体（如亚洲电子体育联合会）等，还不断“跨界”与其他行业和领域接合形成利益联盟。

比如在“电竞+影视”领域，好莱坞在游戏影视化领域已经发展了20多年，《生化危机》《古墓丽影》《刺客信条》《魔兽》等观众熟知的电影都是由游戏改编而来。近几年国内也发力“电竞+影视”，推出了一系列如《微微一笑很倾城》《亲爱的，热爱的》等电视剧、院线电影、网络电影和网络电视剧（见表2-1）。

在“电竞+综艺”领域，尽管“游戏风云”频道早在2014年便推出了电竞真人秀《加油！Dota》，但较有影响力的电竞综艺节目主要还是腾讯以《英雄联盟》和《王者荣耀》为基础推出的一系列综艺节目，如《超越吧！英雄》《集结吧！王者》《王者出击》《终极高手》等，邀请了电竞业知名主播以及许多明星作为嘉宾参加节目。

在“电竞+文旅”领域，比如“电竞+景区”方面，《王者荣耀》与哈尔滨冰雪大世界合作冰雪文创景区、与广州长隆欢乐世界合作花车巡游及大汇演、与北京长城合作“守护长城、共逐荣耀”修缮活动、与甘肃敦煌莫高窟合作王者荣耀三周年敦煌飞天皮肤等。在“电竞+城市”方面，旅游城市乌镇承办老牌电竞赛事G联赛，广州建设国内首家电竞博物馆并依托白云湖和西流河等景观资源打造电子竞技等科技产业集群，上海更是出台了“促进电子竞技产业健康发展20条意见”，旨在打造“全球电竞之都”。在“电竞+乡村”方面，云南省与腾讯共同发布“云南新文旅IP战略合作计划”，使《英雄联盟》电竞文创村落地云南白塔邑自然村，打造了新型数字文旅模式。

表 2-1　截至 2021 年 6 月主要电竞类影视和综艺作品（笔者收集整理）

名称	年份	类型	出品方	首播平台	豆瓣评分
《电竞之三》	2008	网络电影	普雷世纪	优酷视频	5.0
《加油！Dota》	2014	网络综艺	游戏风云	游戏风云（付费频道）、爱奇艺	暂无
《电竞也疯狂》	2016	网络电影	新娱文化	优酷视频	6.6
《电竞纪元》	2016	网剧	腾讯视频、创斗原创	腾讯视频	暂无
《微微一笑很倾城》	2016	电视剧	剧酷文化	东方卫视、浙江卫视	6.9
《微微一笑很倾城》	2016	院线电影	剧酷文化、华策影业	院线电影	4.9
《电竞高校》	2016	网络电影	壹线互动、猎爱文化	爱奇艺	3.7
《王者出击》	2017	网络综艺	腾讯视频	腾讯视频	4.0
《超能电竞：传奇一代》	2017	网络电影	昆仑影业、WE 电子竞技俱乐部	腾讯视频	暂无
《集结吧！三者》	2017	网络综艺	KPL 王者荣耀职业联赛	腾讯视频	5.9
《王者历史课》第一季	2017	网络综艺	《王者荣耀》	腾讯视频	暂无
《王者历史课》第二季	2018	网络综艺	《王者荣耀》	腾讯视频	暂无
《超越吧！英雄》	2018	网络综艺	腾讯视频	腾讯视频	7.0
《终极高手》第一季	2019	网络综艺	腾讯视频	腾讯视频	6.1
《荣耀美少女》第一季	2019	网络综艺	腾讯视频	腾讯视频	暂无

续表

名称	年份	类型	出品方	首播平台	豆瓣评分
《终极高手》第二季	2020	网络综艺	腾讯视频	腾讯视频	5.7
《全职高手》	2019	网剧	企鹅影视、柠萌影业	腾讯视频	7.4
《亲爱的，热爱的》	2019	电视剧	剧酷传播	东方卫视、浙江卫视、爱奇艺、腾讯视频	6.6
《穿越火线》	2020	网剧	耀客文化	腾讯视频	8.0
《来者何人》	2020	纪录片	拳头游戏、腾竞体育、哔哩哔哩	哔哩哔哩	5.5
《电子竞技在中国》	2020	纪录片	中央电视台发现之旅频道、腾讯电竞	央视频道	6.0
《我的时代，你的时代》	2021	网剧	剧酷文化	爱奇艺	5.9

资料来源：笔者收集整理，豆瓣最后访问时间为：2022年2月10日。

由此可见，电竞行业不仅有一套“数字话语”，还有一个“利益联盟”。实际上，接合理论已经指出，正是基于种种接合实践，不同行动者才得以将一系列碎片化的诉求接合到一个“等同链”（chain of equivalences）之中，成为一个统一的阵营与另一阵营博弈。[①] 对电竞行业的接合实践而言，就是形成一系列“电竞+”利益联盟以壮大电竞产业，在此基础上或明或暗地“推动”而非“对抗”国家话语，小心翼翼地寻求行业的合法性接合。这种数字话语和利益联盟的电竞爱国主义认同合法性接合在央视和腾讯电竞合拍的纪录片《电子竞技在中国》中体现得淋漓尽致。纪录片主要从以下四个方面表述电竞与爱国主义认同的合法性接合。

一是强调产业的经济价值和绩效合法性。比如，通过产值强调电竞已经超越电影：“2017 年中国电影总票房为 559.11 亿元，同年，中国电子竞技市场规模达到 770 亿元，电子竞技超越电影，成为中国娱乐产业的主要支柱。”并借全球电子竞技联合会副主席、全国电子竞技联席会议主席魏纪中的话来说明，“它（电竞）的存在是一个现实，这个现实不但会被社会承认，也为我们的政府组织所承认”。

二是将电竞发展与国家成就关联起来。比如介绍 2003 年电竞成为第 99 个体育项目时称电竞开始能够“为国争光”，然后关联到事关国家发展的重大事件：“但更让中国人热血沸腾的是 2005 年 10 月 12 日，中国第二个载人航天飞船神舟六号发射升空，并成功返回地面。2006 年 7 月 1 日，青藏铁路全线通车。2011 年，中国新一代隐形战斗机歼 20 试飞成功。2016 年，中国全面实施二孩政策。”

三是凸显电竞选手为国争光。比如介绍李晓峰夺冠时：“真正让越来越多的中国玩家认识到，游戏不再是游戏，而是一个能让人热血沸腾，能让人感觉为国争光的，一个这样的体育运动赛事。”比如介绍雅加达亚运

① Laclau, E. On populist reason [M]. London, UK: Verso, 2005: 118; Liu, S. D. The end of occupation [J]. Interventions, 2017, 19 (4): 530.

会时："电竞国家队的选手，终于能穿上国家队的战袍为国出征。这是传统体育的一小步，却是中国电竞的一大步。中国电竞不辱使命，在出战的三项比赛中，获得两金一银的好成绩。不仅是为了奖金，不只是为了前途，更为了在世界的注目下，升起鲜艳的旗，唱响庄严的歌。"

四是突出中国电竞对外文化输出的贡献。比如，腾讯集团副总裁程武在片中称腾讯"能够去创造具备全球影响力的中国文化符号"。比如，纪录片中提到，中国电竞还要实现中国文化输出："今天，中国电竞游戏和其他产业一样，正逐步经历了从拿来主义到创新输出的过程。从代理国外游戏、收购国外游戏公司、模仿借鉴国外游戏，到文化传承、创新，这或许是中国电竞游戏创作的成功之路。2018 年雅加达亚运会，天美工作室创作的这款游戏成为比赛项目，这是中国电子竞技以游戏为载体，实现文化输出的一个起点。这是起点，但绝不是终点。"

由此可见，在国家权力对电竞爱国主义进行话语接合、解接合与再接合之外，或者说背后，已经崛起另一个重要的行动者，即电竞行业本身也在基于一套"数字话语"和"利益联盟"积极进行自身合法性的话语接合，这种接合也同样落在爱国主义认同上。既有研究已经有"经济民族主义"（economic nationalism）和"经济爱国主义"（economic patriotism）的相关概念，但更多是一种来自国家的自上而下的政治策略，而中国电竞行业却主动诉诸行业爱国主义，作为另一种策略以期自下而上地影响国家政策。[①]很明显腾讯电竞在其中处于主导性的"车头"接合地位，而其他行动者则处于从属的、配合的甚至"坐享其成"的"车厢"接合地位。在腾讯电竞的主导下，差异性的接合话语基本都有机接合在一起。这种对差异性的有机接合，尽管仍然在一个复杂结构下有着一定的支配与被支配的结构关系，但不再有那么紧张的张力，因为行业内虽然有差异性行动者和诉求，

① Clift, B., & Woll, C. Economic patriotism: Reinventing control over open markets [J]. Journal of European Public Policy, 2012, 19 (3): 307-323; Laffey, D., Della, S. V., & Laffey, K. Patriot games: The regulation of online gambling in the European Union [J]. Journal of European Public Policy, 2016, 23 (10): 1425-1441.

但还是要首先寻求整体合法性；这让我们看到了话语接合中“差异中的同一”和“同一中的差异”的辩证关系，也凸显了接合特殊的差异性中的同一性问题：“在差异中产生同一，在碎片中产生统一，在实践中产生结构。”①

五 个人梦想：“冠军梦”和“中国梦”的双向接合

电竞爱国主义的认同话语接合不仅体现在宏观的国家权力和行业资本层面，也体现在微观的个体层面，特别是电竞场域中每位选手的“冠军梦”。其实，宏观的话语最终表现在具体的个人，因为每个活生生的人才是爱国主义话语的最终目标和载体。而且，当宏观话语内化于具体的人之后，电竞选手们也自觉地“挪用”爱国主义话语为自己的个人行为背书，对抗传统社会对电子游戏和电子竞技的不解、误解与污名化，甚至可能自我塑造一种“为国争光”的迷思并将其建构为某种自我认同。其实，作为“90后”甚至“00后”的电竞选手，其成长和受教育阶段正好与20世纪90年代以来的爱国主义教育和宣传在时间上基本耦合，因此，中国人特别是中国的年轻世代有较高的爱国情怀和国家认同。② 成长于爱国教育宣传环境下的年轻世代的电竞选手，不仅内化了这种爱国主义教育和国家认同，还能自觉或不自觉地“挪用”这种爱国主义话语为己所用。换言之，电竞爱国主义不仅是一套自上而下的话语渗透和接合，也是一套自下而上的话语“挪用”和接合，在某种程度上可以理解为电竞选手的“冠军梦”

---

① Grossberg, L. We gotta get out of this place: Popular conservatism and postmodernism culture [M]. New York, NY; London, UK: Routledge, 1992: 54.

② Guan, T., & Hu, T. The conformation and negotiation of nationalism in China's political animations—a case study of Year Hare Affair [J]. Continuum, 2020, 34 (3): 417-430; Zhai, Y. The gap in viewing China's rise between Chinese youth and their Asian counterparts [J]. Journal of Contemporary China, 2018, 27 (114): 848-866.

与国家的“中国梦”的双向接合，呈现电竞作为爱国主义展台、电竞冠军作为爱国公民、“中国梦”激励电竞选手而电竞选手又将“中国梦”内化于自身的连续接合关系。①

当然，行业资本在这种自上而下和自下而上的双向接合过程中，也起到重要的桥梁作用。“梦”和“梦想”、“国家”一样，同样是《电子竞技在中国》纪录片的高频词汇，不仅用于宣扬“中国电竞人最初就有很明确的目标和纯粹的梦想”，更被融入各种电竞故事的讲述之中：

> 正如《追梦赤子心》所唱的“也许我没有天分，但我有梦的天真……付出所有的青春不留遗憾”。像游戏里一样，在电竞这个小舞台上，适时地出现了推动中国电竞历史发展的英雄——李晓峰。“向前跑，迎着冷眼和嘲笑。”（第一集）

> 他们不是网瘾少年，他们需要天赋，更需要刻苦，他们有青春却成熟的灵魂，有稚嫩却可见的梦想。（第二集）

> 冠军的梦想近在咫尺，晋级之路很顺利，淘汰了几支战队后，她们成为这个舞台的焦点。最终，她们站上了决赛的舞台。虽然没能夺冠，但也让年轻的经理看到了希望，真真继续追逐着不大的冠军梦想。（第二集）

> 夜华说：“我从小就有职业梦想，想成为电竞明星，打职业。如果没有人投资，那生活基本上就是瓦解了。那个东西不赚钱，没有什么经济来源，主播起码能赚点钱。”（第五集）

---

① Yu, H. Game on: The rise of the eSports middle kingdom [J]. Media Industries Journal, 2018, 5 (1): 88－105; Lin, Z., & Zhao, Y. Self-enterprising eSports: Meritocracy, precarity, and disposability of eSports players in China [J]. International Journal of Cultural Studies, 2020, 23 (4): 582-599.

> 十几岁就离开广东老家，开始为自己的电竞梦而四处奔走。经历了青训、转会、解散，当现实照进梦想，职业选手这个方向似乎不再有出路。林炜亳说："青训的时候出现了点小状况，整个队伍就解散了。目前是想做一个好的主播，也是靠游戏生活。"直播又让梦想照进现实。小八有了稳定的工作，也并未远离最初的梦想。这是小八的新榜样，2018年最红的主播——张大仙。武汉人张大仙被称为《王者荣耀》主播一哥，他的粉丝量已经突破千万，身价也高达4000万。2017年他还推出了自己的单曲《最强王者参见》。（第五集）

> 妍公子说："对于这6年我真的充满了感恩，能有一段无悔地朝梦想前进的青春，做着自己热爱的，见证自己热爱的行业发展得越来越好，真的是件无比幸福的事…… 这一切都会让我忍不住地自豪和欣慰，毕竟虽然力量绵薄，但我也是其中的一份子。"一只船孤独地航行在海上，它既不寻求幸福，也不逃离幸福，它只是向前航行，底下是沉静碧蓝的大海，而头顶是金色的太阳。（第五集）

这些电竞故事的话语叙事说明，电竞行业特别是其中占主导地位的腾讯电竞，不仅要向上、向国家展示"数字话语"和"利益联盟"以获取合法性，还要向下、向社会和选手讲述"冠军梦"及其背后的"青春""英雄""职业""明星""投资""粉丝""身价""幸福""自豪"等认同。一方面，这种个人梦想话语本身也是行业合法性的一部分，因为在实现"中国梦"的时代结构中，个人梦想已经与"爱国主义价值"（patriotic value）乃至"中国梦"接合起来了[①]；另一方面，电竞选手也会自觉或不自觉地"挪用"这种"冠军梦"与"中国梦"话语，电竞因为与电子游

① Hizi，G. Speaking the China dream：Self-Realization and nationalism in China's public-speaking shows［J］. Continuum，2018，33（6）：37-51.

戏天然的内在联系，往往遭遇一定的负面刻板印象甚至被污名化，而且这有时也较为明显和严重。[①] 因此，不仅电竞行业本身需要接合爱国主义话语从而获得政治合法性，电竞选手同样有借此去污名化并寻求自我合法化的需求[②]，这在访谈中能很明显地体现出来：

> 一个电竞运动员对社会的作用，可能跟足球运动员等其他的运动员区别不是很大，产生的可能是流量，可能是关注度，可能是广告效应，可能是国家荣誉等这些。我的三大目标：第一，我想要把个人生命价值最大化；第二，在我个人价值最大化的前提下，将社会价值也跟着最大化，（社会价值）包括物质上的交税，以及以精神传播来影响更多人的人生路线；第三，那是非常微观了，是肩负起家庭责任，毕竟有家才有国。（受访者 A）

> 起初打职业电竞的时候是没有压力的，就想着打打看，后来拿了一个冠军（LPL 青训营的全国冠军），压力就来了。有那种荣誉感的（压力），毕竟还是想向上走的，同时（获得冠军）也赚到钱了，就想赚更多的钱。在这种压力下，我成为一个还算有成绩的运动员。（受访者 B）

> 运动员的时候，目标就是冠军。只要不是冠军，其他都是“垃圾”。这是行规，打职业就只是冲着冠军去了。拿了亚军、第三名，就会更想要冠军了。（受访者 C）

---

① Lu, Z. From e-heroin to e-sports: The development of competitive gaming in China ［J］. The International Journal of the History of Sport, 2017, 33 (18): 2186-2206.

② 戴焱淼．电竞简史：从游戏到体育［M］．上海：上海人民出版社，2019；Jonasson, K., & Thiborg, J. Electronic sport and its impact on future sport ［J］. Sport in Society, 2010, 13 (2): 287-299.

> 我在做职业的时候，钱也挣到了一点，名气也算 ok，有 15 万微博粉丝。但是没达到自己理想的成绩。我在同龄人里面算混的比较好的了，也算比较懂事的，但是总觉得差点意思，就比上不足比下有余那种。我是希望能变成世界级选手的。之所以这么坚持世界赛，都是执念，放不下的执念，人活着就是为了点执念。(受访者 D)

> 这种赛事我觉得可能上升到国家的层面去看待比较好，就 IG 夺冠这个事情，我是觉得作为这款游戏的参与者，或者作为这款游戏的使用者，对吧？也算是一种夙愿，就是跟我说体育精神对抗最后有一个结果，大概是这样。(受访者 E)

> 因为我们的运动员或者我们电竞，它有的是会代表国家，她（粉丝）喜欢你更多的除了本身你的技术好，其实很多成分是因为你代表了中国，也代表了我们这个行业，有国家或者荣誉的一种东西在里面。她不是单纯的喜欢你的样子……我们电竞在 MOBA 类上一直被韩国压着打，然后包括以前的第一个电竞项目《星际争霸》也是被韩国压着的，就打的没脾气，然后拿了一个世界冠军，也对中国很多电竞选手和爱好者说中国人是可以的，我们中国人是很厉害的，是不是？我们就打得过你。这真的就是一种民族的自豪感，虽然这个东西有些人可能觉得它只是一个游戏。(受访者 F)

由此可见，中国电竞选手确实倾向于依靠某种专业的、竞争的甚至精英主义的话语来证明和激励自己，比如为自己（“个人生命价值”“个人价值”“有成绩”“名气”“夙愿”）、为家庭（“家庭责任”“赚到钱”“赚更多的钱”）、为社会（“社会价值”“交税”“代表了我们这个行业”）、为国家（“代表国家”“代表了中国”“中国人是很厉害的”“一种民族的自豪感”）“争光”的“冠军梦”话语，以此来应对社会刻板印象的负面声誉甚至污名，从而寻求自我合法化、自我价值和自我认同。

在“中国梦”和“冠军梦”双向接合过程中，不同于传统研究强调的自上而下和自下而上两种方向的民族主义的“对立”，电竞爱国主义认同的双向话语接合体现了另一种奇特的“官方+民众”“自上而下+自下而上”关系，即后者不仅不挑战和抵抗前者，反而极力靠近、顺从和依附前者，并以前者为荣。其实，在“中国梦”的国家话语中，“梦想”已经成为国家鼓励民众个体自我负责、自我管理和自我治理的治理术，从而实现国家梦与个人梦的统一①；“中国梦”和“冠军梦”在电竞选手身上也实现了这样的内在接合。而在这基础上的电竞行业，也因此深嵌于中国民族复兴的“中国梦”，并进一步服务于中国的“走出去”战略，甚至被认为支撑着中国成为全球数字强国的雄心。②

六　本章小结

本章聚焦中国电竞的爱国主义认同及其话语接合，基于文本分析和深度访谈的方法，把“接合”视为行动者在特定情境中组合成一个临时同一体的连接形式和实践过程，探讨电竞场域中爱国主义话语接合的可能、形式、过程和意义。具体而言，本章考察了国家、行业和个人三类行动者，特别是国家权力、行业资本和个人梦想的“三重接合”，如何形成一个复

① Callahan, W. A. Dreaming as a critical discourse of national belonging: China dream, American dream and world dream [J]. Nations & Nationalism, 2017, 23 (2): 248 - 270; Hizi, G. Speaking the China dream: Self-realization and nationalism in China's public-speaking shows [J]. Continuum, 2018, 33 (6): 37-51.

② Keane, M. Disconnecting, connecting, and reconnecting: How Chinese television found its way out of the box [J]. International Journal of Communication, 2016, 10: 5426-5443; Keane, M., & Chen, Y. Entrepreneurial solutionism, characteristic cultural industries and the Chinese dream [J]. International Journal of Cultural Policy, 2017, 25 (6): 743-755; Keane, M., & Yu, H. A digital empire in the making: China's outbound digital platforms [J]. International Journal of Communication, 2019, 13: 4624-4641.

杂的、动态的甚至临时的“电竞爱国主义”认同共识。

首先是国家权力层面对爱国主义认同话语的接合、解接合和再接合。一方面，国家要回应传统社会对电子游戏影响学习、损害健康、暴力色情、致人上瘾、诱导犯罪等的一系列指控，将其作为一个“治理对象”；另一方面，国家又要正视游戏行业的发展特别是电子竞技的崛起，将其作为一个“发展主体”。因此，国家权力要渗透、吸纳并规训电竞，借由“为国争光”的爱国话语将年轻世代聚集的电竞场域打造成一个新的爱国主义教育平台。

其次是行业资本层面借由数字话语和利益联盟对爱国主义认同的合法性接合。随着电竞行业的崛起以及随之而来的巨大经济和商业利益，电竞行业特别是电竞头部企业如腾讯电竞等开始积极“挪用”爱国和国家话语，并联合其他利益相关者结成利益联盟，既合力推动电竞行业的“野蛮生长”，又以行业高速增长带来的经济合法性，争取和强化行业的政治合法性。

最后是个人梦想层面通过“中国梦”和“冠军梦”对爱国主义认同进行双向接合。除了行业资本讲述“中国梦”与“冠军梦”话语以进一步强化其行业合法性，电竞选手也会“挪用”这种梦想话语来肯定和彰显自己的个人行为，以此对抗传统社会对电子游戏和电子竞技的不解、误解与污名化，甚至会将追求自我梦想与国家梦想直接连接起来，寻求自我价值和自我认同。

不过，无论是电竞行业还是电竞选手对爱国主义认同话语的“挪用”以及相应的自我合理化和合法化，最终都被国家吸纳，服务于地方经济发展、部门政策规划乃至国家文化“走出去”战略等，这些又反过来被电竞行业和电竞选手“挪用”继续服务于对自身的合理化和合法化，由此形成电竞爱国主义认同“三重接合”的内在循环。这种“三重接合”体现出来的“多元互动”，使“电竞爱国主义”区别于以往的“粉丝民族主义”

“嬉戏爱国主义”等。[①] 这种互动更表现出中国电竞的文化认同是由多元行为者共同构建和强化的，也是中国电竞文化表征的重要表达途径，在某种程度上已经成为中国电竞确立政治认同和自我定位的“护身符”。

① Yang, G. The power of the internet in China: Citizen activism online [M]. New York, NY: Columbia University Press, 2009: 37.

第三章　作为文化创意产业的中国电竞：一个商业生态系统的视角

随着电竞产业和资本的爆炸性增长以及电竞文化演变为当代青年文化的重要组成部分，电子竞技已经发展成一种重要的文化产业。[①] 本章利用文化循环理论框架中的“生产”环节讨论电竞作为文化生产者这一面向，尝试将中国电竞视为一种文化创意产业，从商业文化的视角分析中国电竞的文化生产机制及商业生态系统的运作逻辑。

电竞作为一个新兴产业，其生产离不开互联网企业的推动和地方政府的支持，二者对它的激励超越了体育和游戏，表明中国电竞产业具有很强的文化-政治意义。随着中国电竞的经济价值不断增长和影响力不断提高，政府还颁布了一系列扶持政策，支持引进高端数字和虚拟现实技术，并推广和支持“电竞+”的产业发展模式。[②] 腾讯在 2018 年推出“电竞+”的文化集群模式，使得电竞产业发展成国内最大的文创产业之一，腾讯也成为中国电竞发展的最大文化平台和生产实践者。[③]

本章采用商业生态系统（Business Ecosystem，BE）理论的分析框架，研究由地方政府和科技集团（如腾讯）以及其他关键利益相关者参与的中

① Newman, J. I., Xue, H., Watanabe, N. M., Yan, G., & McLeod, C. M. Gaming gone viral: An analysis of the emerging esports narrative economy [J]. Communtcation & Sport, 2020, (22).

② Zhao, Y., & Lin, Z. Umbrella platform of tencent eSports industry in China [J]. Journal of Cultural Economy, 2021, 14 (1): 9-25.

③ Tencent Esports. 2018 has become the year of home-and-away system, reviewing the achievements of League of Legends. 2018.

国电竞行业的生产机制，将电竞文化生产视为在中国先进数字工业社会中发展当代文创产业的一个新领域。在此基础上，本章还将探讨中国电竞是否可以被视为超越其体育属性的文创产业，如果可以，它又是如何实现其文化生产的。

一 电子竞技与文化创意产业

（一）电竞的多重属性：游戏、体育竞技、数字技术、媒体及其他

电子竞技拥有多种面向和多重属性，这是电竞行业持续大幅发展并实现跨领域扩张的前提之一。电竞的多重属性包括游戏、体育竞技、数字技术、媒体、文化产业、娱乐消费品等。

游戏和体育竞技是电子竞技的两种基本属性，但电竞的体育竞技性质是其区别于一般游戏的关键属性。电子竞技虽然起源于电子游戏，游戏属性是它的底色，但是电竞后来发展成玩家之间的专业竞技运动，不再是单纯的出于社交或娱乐目的的电子游戏行为。[①] 明确的规则、专业的赛事和训练以及专业的评价是将电子竞技与游戏区分开来的主要因素。[②] 就宏观的电竞产业而言，电竞产业的价值链有上、中、下三部分，虽然游戏处于价值链上游，但彰显和突出其竞技性质的电竞赛事仍然是核心部分。[③] 因此，电竞的游戏属性是电竞产业的“幕后英雄”，但其体育竞技属性才是台前的“重头戏”。

---

① Yang, D., Ye, X., & Kang, D. The present situation and development trend of E-sports games [C] // in International Conference on Future Computer Science and Education (Vol. Xi'an, China), 20-21 Aug. 2011. New York: IEEE. 2011: 724-741.

② Rambusch, J., Jakobsson, P., & Pargman, D. Exploring E-sports: A case study of game play in Counter-strike [C] // in 3rd Digital Games Research Association International Conference: "Situated Play," DiGRA 2007, Tokyo, September 24 2007 through, (Vol. 4). Digital Games Research Association (DiGRA). 2007; Reeves, S., Brown, B., & Laurier, E. Experts at play: Understanding skilled expertise [J]. Games and Culture, 2009, 4 (3): 205-227.

③ Zhang, D. G., & Recktenwald, D. The divide between E-sport and playing games in China [C] //. Chinese DIGRA 2016.

电子竞技的体育属性对电竞产业发展和电竞文化生产而言可能更重要。电子竞技突出了体育的制度化和组织化，以及它的职业化和公平性。正是电竞的体育性质使它能够获得更大范围行业行为者和受众的身份与文化认同，并通过赛事将电竞的其他面向与属性接合起来，由此才形成电竞产业并实现文化生产。除了电竞领域的专业赛事，在与其他有组织的运动赛事（如奥运会）相结合时，电竞还可以吸引更多的全球观众、创造更大的收入并增加比赛项目，同时促进体育参与者的多样性。① 目前，电子竞技与传统体育一样，也受到全世界数亿人的推崇和尊重，电竞粉丝已形成一种强大的文化。② 由于电竞被广泛接受为体育项目，并在文化上得到认可，中国的电竞职业选手被视为运动员而不是网络游戏“瘾君子”，并在国际电竞比赛夺冠后被视为“民族英雄”。③

除了游戏和体育竞技属性，电竞还具有其他多重属性。比如，数字技术和网络媒体是电竞得以存在的基础，其数字技术和媒体属性的重要性不言而喻；电竞是当代社会的一种青年亚文化，形成了特定的话语风格和文化追求，其中还涉及性别文化和粉丝文化，其文化生产属性也相当明显；等等。

随着信息技术快速发展、资本快速入局、线上线下高效融合，电竞相关属性的研究虽然不再局限于传统行业，但相关的研究仍然不够充分。目前，数字文创产业已经成为中国经济的关键组成部分，而电竞产业因其强

① Nagel, M. S., & Sugishita, K. Esport: The fastest growing segment of the “sport” industry [J]. Sport & Entertainment Review, 2016, 2 (2): 51-60.

② Hamilton, W. A., Garretson, O., & Kerne, A. Streaming on twitch: Fostering participatory communities of play within live mixed media [C] // in Proceedings of the SIGCHI Conference on Human Factors in Computing Systems. 2014: 1315-1324; Kaytoue, M., Silva, A., Cerf, L., Meira, Jr., W., & Raïssi, C. Watch me playing, I am a professional: A first study on video game live streaming [C] // in Proceedings of the 21st International Conference on World Wide Web. 2012: 1181-1188.

③ Lu, Z. From e-heroin to e-sports: The development of competitive gaming in China [J]. The International Journal of the History of Sport, 2017, 33 (18): 2186-2206.

大的文化属性和产业延伸性，代表了中国前沿的数字文创产业。[①] 由此，本章从文化循环理论的“生产”环节出发，将电竞视为文化创意产业来研究也是应有之义，后文将通过实证研究来说明作为文化创意产业的中国电竞是如何实现商业文化生产的。

二　理论概念与研究方法

（一）商业生态系统理论

本章采用的理论是商业生态系统理论，该理论是从生物学和商业组织研究中得出，描述了行为者围绕创新生产“共同进化”的动态过程，以协作和竞争的方式打造新产品并满足客户需求。商业生态系统理论的基础是结构观点与共同进化观点，这两种观点分别将商业生态系统看作多边独立的模块化结构和与环境互动的共同体。[②] 具体来说，商业生态系统是一个由供应商、分销商、外包公司、技术供应商和其他行为者组成的网络，它们相互依赖、互惠互利。[③] 同时，一个公司的发展要依靠比它本身大得多的东西：它所处的成功的商业生态环境。商业生态系统中的不同行为者包括关键人物、利基参与者和价值主导者等。[④] 鉴于系统内部的强烈联系和互动，我们可以通过研究掌控全球信息的网站系统和与之互动的现实世界

① China Daily. Digital creative industry emerging as key sector of economy [EB/OL]. [2023-06-14]. https://www.chinadaily.com.cn/a/202009/08/WS5f572bcea310675eafc58458.html.

② Peltoniemi, M., & Vuori, E. Competitive intelligence as a driver of co-evolution within an organization population [J]. Journal of Competitive Intelligence and Management, 2008, 4 (3): 50-62; Hou, H., & Shi, Y. Ecosystem-as-structure and ecosystem-as-coevolution: A constructive examination [J]. Technovation, 2021: 100.

③ Iansiti, M., & Levien, R. The keystone advantage: What the new dynamics of business ecosystems mean for strategy, innovation, and sustainability [M]. Boston: Harvard Business Press, 2004.

④ Iansiti, M., & Levien, R. The keystone advantage: What the new dynamics of business ecosystems mean for strategy, innovation, and sustainability [M]. Boston: Harvard Business Press, 2004.

之间的关系来理解商业生态系统。[①] 本章将试图解释中国电竞产业是如何发展成一个商业生态系统的，以及是否已经实现了共同进化。

运用该理论分析文化产业主要有以下两个阶段。

第一阶段：揭示宏观因素，包括政治、经济、社会等宏观环境。这些宏观因素提供了潜在的机会空间，并在商业生态系统中实现某种形式的互动和发展。商业生态系统在一个相对不受限制和开放的环境中运行和构建，该环境的边界尚未确定，只能由在其中建立的商业生态系统来定义，也就是说，我们在学术层面不可能划定商业生态系统所在环境的精确边界。[②] 因此，这个宏观环境是一个机会空间，行为者在此空间为了持续的创新，会产生持续的互动和资源交换。

第二阶段：根据共同进化观点和结构观点来评估特定商业生态系统的健康状况和效率。商业生态系统的基本使命是维持创新，为了实现价值主张需要不断的互动和调整结构。[③] 因此，系统参与者的互补性和关联性成为持续创新的重要指标。[④]

本章还采用了许多具体的评估商业生态系统健康状况的指标，主要有三个维度，包括生产力、稳健性和利基创造。在生物学上，生产力（productivity）描述了将非生物输入（如阳光和矿物营养物）转化为有利于生物体输出的能力。对商业生态系统而言，生产力是一个助推器，能持续、直接地将既有资源（如房地产、资金和投资环境）转化为加速生产和

① Power, T., & Jerjian, G. Ecosystem: Living the 12 Principles of Networked Business [M]. London: Pearson Education Ltd, 2001.

② Moore, J. F. Business ecosystems and the view from the firm [J]. Antitrust Bulletin, 2006, 51 (1): 31-75; Iansiti, M., & Levien, R. The keystone advantage: What the new dynamics of business ecosystems mean for strategy, innovation, and sustainability [M]. Boston: Harvard Business Press, 2004.

③ Moore, J. F. The four stages of a business: Life cycle lessons from nature [J]. 1996. Online. https://www.strategy-business.com/article/17719; Adner, R. Ecosystem as structure: An actionable construct for strategy [J]. Journal of Management, 2017, 43 (1): 39-58.

④ Hou, H., & Shi, Y. Ecosystem-as-structure and ecosystem-as-coevolution: A constructive examination [J]. Technovation, 2021: 100.

创新的能力。[①] 基石（keystone）是指通过提供可预测的环境和稳定的资源，提高生态系统的生产力，并起到连接所有参与者的关键作用，从而改善商业生态系统整体健康的关键因素。[②] 主导者（dominator）对商业生态系统施加影响的方式是利用关键位置接管网络，或者隐蔽地从网络中抽取价值。因此，主导者又进一步分为物理主导者（physical dominator）和价值主导者（value dominator）。物理主导者如中心企业、枢纽企业和商业生态系统的领导者，这种角色旨在纵向或横向整合资源，直接控制商业生态系统并从中获益。[③] 相比之下，价值主导者对商业生态系统几乎没有直接的控制，而是尽可能从市场中提取价值。[④] 价值主导者在中短期内可以获得巨大的收益，但不可能在商业生态系统中长期存在，也不可能取得不可替代的地位。[⑤] 另外，价值主导者在商业生态系统中同时控制着价值获取和价值创造。稳健性（robustness）指的是对外在的变化和破坏保持免疫力，并将变化莫测的挑战转化为潜在的机会，这对一个商业生态系统在意外的冲击中生存下来至关重要。利基创造（niche creation）是指通过创造有价值的新利基来支持多样性的能力。在商业生态系统中，利基参与者的目标是发展专门的能力，使其区别于系统中的其他参与者。[⑥] 也就是说，利基参与者通过利用其他参与者所不具备的资源来发挥其力量，特别是当

① Iansiti, M., & Levien, R. The keystone advantage: What the new dynamics of business ecosystems mean for strategy, innovation, and sustainability [M]. Boston: Harvard Business Press, 2004.

② Iansiti, M., & Levien, R. The keystone advantage: What the new dynamics of business ecosystems mean for strategy, innovation, and sustainability [M]. Boston: Harvard Business Press, 2004.

③ Hou, H., & Shi, Y. Ecosystem-as-structure and ecosystem-as-coevolution: A constructive examination [J]. Technovation, 2021: 100; Dhanaraj, C., & Parkhe, A. Orchestrating innovation networks [J]. Academy of Management Review, 2006, 31 (3), 659-669; Teece, D. J. Next-generation competition: New concepts for understanding how innovation shapes competition and policy in the digital economy [J]. Journal of Economics and Policy'y, 2012, 9: 97.

④ Iansiti, M., & Levien, R. The keystone advantage: What the new dynamics of business ecosystems mean for strategy, innovation, and sustainability [M]. Boston: Harvard Business Press, 2004.

⑤ Iansiti, M., & Levien, R. The keystone advantage: What the new dynamics of business ecosystems mean for strategy, innovation, and sustainability [M]. Boston: Harvard Business Press, 2004.

⑥ Iansiti, M., & Levien, R. The keystone advantage: What the new dynamics of business ecosystems mean for strategy, innovation, and sustainability [M]. Boston: Harvard Business Press, 2004.

商业生态系统呈现支持多样性物种的能力时。因此，利基创造的重点是加强其垂直领域的专业知识，并将其产品纳入生态系统中。

通过上述分析构建的理论分析框架如图 3-1 所示。

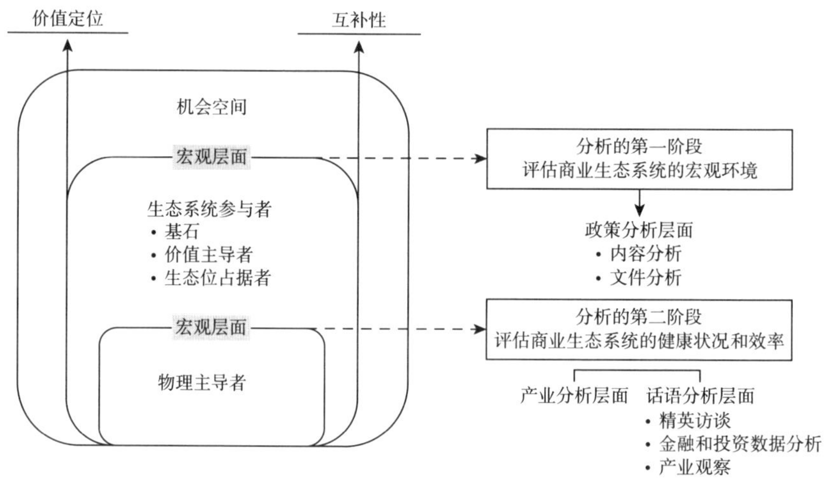

图 3-1 理论分析框架

就中国电竞产业现状而言，一个包括内容授权、生产、发行等多方面的产业价值链已经充分发展并不断扩大，这使我们可以用商业生态系统的理论来研究中国电竞产业，尤其是其生产机制。[①] 然而，尽管有学者提到融资机构、监管机构和媒体机构也是商业生态系统的组成部分，但商业生态系统内部的多边相互依赖和互补问题还有待进一步详细探讨。[②] 因此，本章考察了中国电竞商业生态系统中各行为体之间的互动，由此探索电竞作为一种新兴的文化创意产业是如何实现文化生产的。

（二）研究方法

本章采用混合研究方法，包括二次分析、文件和政策文本分析、半结

① Zhao, Y., & Lin, Z. Umbrella platform of tencent eSports industry in China [J]. Journal of Cultural Economy, 2021, 14 (1): 9-25.

② Iansiti, M., & Levien, R. The keystone advantage: What the new dynamics of business ecosystems mean for strategy, innovation, and sustainability [M]. Boston: Harvard Business Press, 2004.

构化访谈等，通过对政府、媒体集团（如腾讯）和其他利益相关者参与情况的分析，探讨中国电竞产业作为数字文化和创意产业的生产机制。具体而言，本章将批判性地研究中国电竞文创产业-商业生态系统（CCI-BE）的性质、演变和特征，以及电竞产业中企业的竞争甚至矛盾关系所代表的文化创造力。采用混合的研究方法可以更好地研究不同的利益相关者（如政府、媒体集团、平台、玩家等），这有助于定性地理解中国电竞产业生态系统内部的复杂关系。[①]

具体而言，本章涉及以下三个方面的内容分析。

• 政策分析。包括50个基于证据的历史文献和政策内容分析。在中国六大部门共同监管和推动中国电竞发展的背景下（这六大部门是文化和旅游部、公安部、教育部、国家新闻出版署、国家广播电视总局、国家体育总局），我们重点关注文化和旅游部、国家新闻出版署这两个部门对中国电竞文化与传播的监管作用。前者负责制定文化产业的发展规划并组织实施，后者则负责监管和发行新闻、印刷品和互联网出版物，并颁发中国境内的出版许可证。[②]

• 产业分析。包括四年的产业数据观察、对50位精英的访谈、金融和投资数据分析。我们观察的产业包括电竞相关的游戏、直播、现场比赛、第三产业（如旅游、博物馆、体育馆）、房地产等。鉴于电竞产业在全球化和本土化过程中快速发展，这些产业和民族主义-技术-文化政策如何共存，仍然是一个问题。

• 话语分析。我们重点关注《王者荣耀》全国大赛采用的文化话语和叙述，该赛事由腾讯游戏举办。我们将语态和语义置于更大的话语背景中，进而理解它如何影响句子的意义，以及它如何赋予电竞比赛意义和文化价值。

---

① Creswell, J. W. Mixed-method research: Introduction and application ［C］// In Handbook of educational policy. London: Academic Press, 1999: 455-472.

② 文化和旅游部主要职责［EB/OL］.［2023-06-14］. https://www.mct.gov.cn/gywhb/zyzz/201705/t20170502_493564.htm.

三 机会空间：文化行政部门关于电竞产业的政策

20世纪90年代末，中国政府部门努力为游戏产品寻找定位和产业类别。新闻出版署于1996年发布《电子出版物管理暂行规定》，将游戏产品定义为电子出版物。四年后，信息产业部发布的《软件产品管理办法》将游戏产品归为软件产品。然而，2003年在线角色扮演游戏《热血传奇》成为热潮时，《互联网文化管理暂行规定》将文化部纳入对游戏产品的监管部门，引起了企业和玩家等行业参与者的混乱。

此外，新闻出版总署和信息产业部于2002年联合发布的《互联网出版管理暂行规定》强调，企业申请“游戏许可证”时应向所在省（区、市）的新闻出版行政部门提出，且游戏产品应由新闻出版总署进一步审查和批准。但一年后，文化部又发布了《互联网文化管理暂行规定》，声明包括游戏产品在内的通过互联网生产、传播和流通的文化产品都由文化部审批。这两项政策明显重叠，给游戏企业办理许可证带来诸多不便。为了解决这个问题，新华社发表了一篇主题为“行政政策重叠导致互联网出版公司困惑和尴尬”的文章，认为两个行政部门同时监管不仅给企业带来不必要的费用和麻烦，还导致一些好项目在冗杂、重复的办事程序中消亡。此外，有文章还指出重叠的管理造成了市场混乱、无序竞争、侵犯版权和作品质量不佳等情况，进而损害互联网出版公司和消费者的利益。①

但是直到2009年，政府行政部门对电子游戏经营的管理依旧混乱。新闻出版总署以违反规定为由拒绝网易申请《魔兽世界》的游戏许可，责令其停止向玩家收费。然而，商务部却认为网易已经完成了必要的文书工

① 行政法规重复交叉 互联网企业难以适从［EB/OL］.［2023-06-14］. https://www.chinacourt.org/article/detail/2003/07/id/66806.shtml.

作，其游戏内容是合法的。此外，商务部文化市场司司长还公开宣布，新闻出版总署不应该干预和阻止该游戏的发行。

从新闻出版总署的角度来看，《关于加强文化产品进口管理的办法》（2005 年六部门联合发布）和《国务院办公厅关于印发国家新闻出版总署（国家版权局）主要职责内设机构和人员编制规定的通知》（2008 年发布）明确规定，未经新闻出版总署事先批准，任何机构和个人不得从事网络游戏经营服务。此外，新闻出版总署还声称它是国家授权的唯一负责批准发行游戏产品的行政机构。然而与此同时，国家发展和改革委员会办公室却将管理动漫和网络游戏的行政权力（不包括网络游戏在线出版的审批）以及附带的产业规划、产业基地、项目建设、展览和市场监管的权力移交给了商务部。直到 2010 年，随着《网络游戏管理暂行办法》出台，文化部正式成为游戏产业的唯一主管部门，负责批准数字游戏的在线出版。[①] 由此，商务部和新闻出版总署之间对游戏政策的不同解释和对“网络游戏在线出版”的不同定义所造成的问题得以解决，并最终建立了一个具有明确行政权力和职责的游戏产品管理系统（具体政策详见表 3-1）。

表 3-1　仅针对游戏产品的政策一览（1996~2010 年）

年份	行政机构	游戏产品的相关政策	政策内容	政策态度
1996	新闻出版署	《电子出版物管理暂行规定》	将游戏产品定义为电子出版物，明确了新闻出版署对全国电子出版物的监管职责。新闻出版署对电子出版物的产业规划、政策出台、监管、前置审批、管理、指导和审批等工作进行规范	监管工作

① 网络游戏管理暂行办法（文化部令第 49 号）[EB/OL]. [2023-06-14]. http://www.gov.cn/flfg/2010-06/22/content_1633935.htm.

续表

年份	行政机构	游戏产品的相关政策	政策内容	政策态度
2002	新闻出版总署、信息产业部	《互联网出版管理暂行规定》	经营互联网出版物的企业在申请"游戏许可证"时，由主办单位向所在地的省（区、市）新闻出版行政部门提出申请	监管工作
2003	文化部	《互联网文化管理暂行规定》	明确"游戏产品"，即互联网文化产品的监管议程，需要设立商业性互联网文化产品的企业应申请"网络文化经营许可证"	监管工作
2004	国家广播电视总局	《关于禁止播出电脑网络游戏类节目的通知》	规定各级广播电视播出机构不得开设计算机网络游戏栏目或播放计算机网络游戏节目	监管工作
2005	中宣部、文化部、广电总局、新闻出版总署、商务部、海关总署	《关于加强文化产品进口管理的办法》	明确商务部和新闻出版总署对网络游戏进口管理的监督职责	监管工作
2007	文化部、公安部、信息产业部、新闻出版总署	《关于规范网络游戏经营秩序 查禁利用网络游戏赌博的通知》	为有效解决网络游戏涉赌问题，四部门在全国范围内组织开展了整治和监督网络游戏产业、禁止利用网络游戏进行赌博的活动	监管工作
2007	文化部、新闻出版总署、信息产业部、教育部和其他10个部门	《关于进一步加强网吧及网络游戏管理工作的通知》	明确规定查处网吧接纳未成年人的量化标准，使基层文化行政部门拥有更充分、具体、易操作的执法依据	监管工作
2008	国务院办公厅	《国务院办公厅关于印发文化部主要职责内设机构和人员编制规定的通知》	将网络游戏的管理权从新闻出版总署下放到文化部，将动漫和网络游戏的管理（不包括网络游戏的网上出版前置审批）以及相关的产业规划、产业基地、项目建设、会展交易、市场监管等纳入文化部的职权范围	

续表

年份	行政机构	游戏产品的相关政策	政策内容	政策态度
2009	文化部办公厅	《文化部办公厅关于规范进口网络游戏产品内容审查申报工作的公告》	宣布对进口网络游戏产品进行前置审查	监管工作
	文化部、商务部	《关于加强网络游戏虚拟货币管理工作的通知》	对擅自从事网络游戏虚拟货币发行和交易服务的企业，由省级以上文化行政部门按照《互联网文化管理暂行规定》进行查处	监管工作
	文化部	《关于改进和加强网络游戏内容管理工作的通知》	重申从事网络游戏的企业应自律，完善网络游戏内容监管体系	监管工作
	新闻出版总署	《关于加强对进口网络游戏审批管理的通知》	通知各游戏出版运营企业，新闻出版总署是国务院授权的唯一审批部门，负责进口境外版权方授权的网络游戏作品的审批和监督管理工作	监管工作
	中央编办	《关于印发〈中央编办对文化部、广电总局、新闻出版总署“三定”规定中有关动漫、网络游戏和文化市场综合执法的部分条文的解释〉的通知》	指出网络游戏出版活动必须严格按照国家规定履行预先审批	监管工作
2010	文化部	《网络游戏管理暂行办法》	明确了文化部作为游戏产业主管部门的地位，同时首次系统地制定了网络游戏的娱乐内容、市场主体、经营活动、经营行为和法律责任	监管工作

此外，我们还分析了 2013 年后由文化部等发布的关于游戏产品和电竞产业的政策（见表 3-2）。自 2014 年以来，大量专门管理电竞产业的政策出台，这表明政府已经将电竞产业与游戏产品区分开来。随着电竞的基础设施从网吧转移到体育场馆和视频/直播平台，政府行政部门在出台相关

政策时也对此做出回应，如2016年文化部出台《文化部关于推动文化娱乐行业转型升级的意见》，首次承认电竞比赛带动了文化娱乐产业的发展；2016年文化部出台《网络表演经营活动管理办法》，将电竞直播纳入网络表演的范畴。由上述分析可见，与电竞产品相关的行政管理乱象基本只存在于2010年以前。

表3-2 有关游戏产品和电竞产业的政策一览（2013~2021年）

年份	行政机构	政策	政策内容	目标/审查	政策态度
2013	文化部	《文化部关于实施〈网络文化经营单位内容自审管理办法〉的通知》	将原来由政府承担的监管和备案环节改为由游戏企业承担的内容自律环节，进一步简化监管，创造高效的市场和政策环境	游戏产品	技术支持
2014	文化部	《文化部关于贯彻落实〈国务院关于推进文化创意和设计服务与相关产业融合发展的若干意见〉的实施意见》	建议提高游戏产品的文化内涵，培育国内知名游戏品牌，提升游戏产业的核心竞争力和国际影响力	游戏产品	技术支持
2016	文化部	《文化部关于规范网络游戏运营加强事中事后监管工作的通知》	首次明确了网络游戏的运营纪律，要求网络游戏用户使用身份证实名注册	游戏产品	规章制度
	国务院办公厅	《国务院办公厅关于加快发展健身休闲产业的指导意见》	明确提出要促进电竞赛事的健康发展，培育衍生市场	电竞行业	技术支持
	国家新闻出版广电总局	《关于移动游戏出版服务管理的通知》	明确移动游戏在内容审批和发布规范方面的监管规定	移动游戏	规章制度

续表

年份	行政机构	政策	政策内容	目标/审查	政策态度
2016	文化部	《文化部关于推动文化娱乐行业转型升级的意见》	提出鼓励措施，鼓励电子竞技场馆建设，支持地区、国家乃至国际电子竞技比赛	电竞比赛	技术支持
	国家发改委和其他23个部委	《关于促进消费带动转型升级的行动方案》	提出有效的监管和行政协调措施，以企业为主体组织国内和国际电子竞技活动	电竞活动	技术支持
	文化部	《网络表演经营活动管理办法》	规定网络表演不得涉及“使用未取得文化行政部门内容审查批准文号或备案编号的网络游戏产品，进行网络游戏技法展示或解说”的内容	电竞比赛直播	规章制度
2017	中宣部、文化部、工信部、教育部和其他4个部委	《关于严格规范网络游戏市场管理的意见》	建议对网络游戏的违法行为和不良内容进行集中整治	游戏产品	规章制度
	文化部	《文化部“十三五”时期文化产业发展规划》	明确了鼓励电竞产业发展的重要性，说明电竞已经得到了国家层面的政策认可	电竞产业	技术支持
	文化部	《文化部关于规范营业性演出票务市场经营秩序的通知》	指出电竞赛事的监管与大型演唱会基本一致。明确了参与赛事执行的主体包括场地运营商、组织者、票务运营商	电竞赛事	规章制度

续表

年份	行政机构	政策	政策内容	目标/审查	政策态度
2019	文化和旅游部（原文化部）	《文化和旅游部关于废止〈网络游戏管理暂行办法〉和〈旅游发展规划与管理办法〉的决定》	指出文化部不再承担网络游戏行业的管理职责		
	国家新闻出版署	《关于防止未成年人沉迷网络游戏的通知》	提出防止未成年人沉迷网络游戏的要求和安排，明确了网络游戏行业为未成年人提供服务应遵循的原则和规范	游戏产品	规章制度
	文化和旅游部	《游戏游艺设备管理办法》	从文化装备的角度对线下游戏消费情况和潜在的家庭游戏娱乐场景提出新的规定	电竞消费	规章制度
2020	文化和旅游部	《文化和旅游部关于进一步优化营商环境推动互联网上网服务行业规范发展的通知》	强调优化营商环境，规范新业态，加快产业升级，特别指出了网络服务行业的重要性		
2021	国家新闻出版署	《关于进一步严格管理切实防止未成年人沉迷网络游戏的通知》	明确坚决防止未成年人沉迷于网络游戏，切实保护未成年人的身心健康。防止未成年人过度使用甚至沉迷于网络游戏	游戏产品	规章制度

文化部将电竞行业的赛事和直播定义为文化活动，并负责监管电竞赛事与直播，从而使得国家体育总局和文化部在管理上不再有重叠与混乱。游戏是电竞产业的上游价值链，随着社交媒体和直播平台的出现，逐渐带动了赛事和直播等中下游价值链的发展，赛事与直播是表征电竞文化意义的主要手段和平台。[①] 同时，国家体育总局也一直通过宣传电竞的文化娱乐特色、支持电竞产业，并通过将电竞与旅游、娱乐、线下消费相结合等方式鼓励电竞产业的发展。此外，国家新闻出版署还在 2019 年和 2021 年

① Zhao, Y., & Lin, Z. Umbrella platform of tencent eSports industry in China [J]. Journal of Cultural Economy, 2021, 14 (1): 9-25.

分别出台了《关于防止未成年人沉迷网络游戏的通知》和《关于进一步严格管理切实防止未成年人沉迷网络游戏的通知》，旨在加强对未成年人玩网络游戏的监管。值得注意的是，随着《文化和旅游部关于废止〈网络游戏管理暂行办法〉和〈旅游发展规划管理办法〉的决定》出台，《网络游戏管理暂行办法》被废止，市级旅游局不再负责管理电竞行业，但《广告法》《网络安全法》《互联网文化管理暂行规定》对电竞行业依然有效。

整体而言，中央部委对电竞行业主要是监督和监管，鼓励和扶持并非其主要的任务。因此，在较早时期，原本不发达的电竞在缺乏官方鼓励的情况下，是以自下而上的模式快速发展，而非自上而下的模式。

不过在最近十几年，电竞在文化行政部门的监管和支持下逐渐发展为成熟的产业。这与一些学者关于商业生态系统的说法相呼应：一个行业的发展是从远远超出其本身的东西开始的——它所属的成功的商业生态系统以及商业生态系统中不同的参与者。[①] 因此，我们将文化行政部门创造的不可预测的环境作为一种机会空间来研究，这是“一个相对没有界限的、开放的、有限制的、未被探索的、只能由在其中建立的商业生态系统定义”的空间。[②] 同时，市级和区级地方政府通过与其他参与者协调、合作，共同促进电竞产业的发展。不同参与者发挥不同的作用，因而，中国电竞商业生态系统呈现相互依赖和多元化的发展动态。

四 中国电竞文创产业-商业生态系统的三个层面分析

现阶段电竞文创产业-商业生态系统（CCI-BE）的发展既有巨大的潜力，也有一定的不稳定性。地方政府、房地产开发商和电竞赛事呈现了电

① Iansiti, M., & Levien, R. The keystone advantage: What the new dynamics of business ecosystems mean for strategy, innovation, and sustainability [M]. Boston: Harvard Business Press, 2004.

② Moore, J. F. The four stages of a business: Life cycle lessons from nature [J]. 1996. Online. https://www.strategy-business.com/article/17719.

竞行业的商业模式和创新活动日益相互依存和共同演变的趋势，这提供了良好的发展条件，反映了电竞作为文创产业的巨大潜力。但是与此同时，电竞商业生态系统中任何领域的弱点都会破坏整体的表现，如房地产开发商和电竞比赛之间的脱节，如图 3-2 中的虚线所示，就解释了部分行业领先地区（如上海）的电竞集群为何会失败。[①] 具体来说，一般的行为者及其行为都深深地嵌入商业生态系统中，但房地产开发商作为电竞商业生态系统的利基参与者之一，仍处于初创阶段，没有与电竞价值链协调和共同发展的能力。结合上海电竞产业集群的现状，我们认为中国的电竞产业集群更像是房地产项目，而对文化创意产业集群的具体要求关注不够，在电竞产业生态系统的早期阶段，由创新驱动的各要素互补和相互依存的局面尚未实现。但总体上我们认为，电竞产业仍然可以为中国当代数字社会的文创产业提供新的领域。

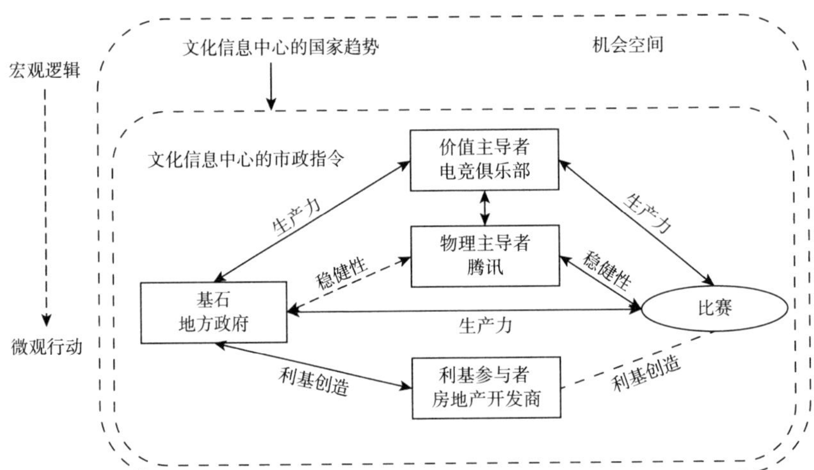

图 3-2　文创产业-商业生态系统的相关发现

此外，本章表明了地方政府是从经济和文化上受益于电竞商业生态系

① Iansiti, M., & Levien, R. The keystone advantage: What the new dynamics of business ecosystems mean for strategy, innovation, and sustainability [M]. Boston: Harvard Business Press, 2004.

统的参与者之一，而不只是监管它的局外人。同时，由于地方政府和电竞赛事之间互补互利、相互依存，它们的合作十分值得，尤其是当支持政策和文化创意议程符合当地城市的国际形象时。

（一）生产力：地方政府、电竞俱乐部、赛事

地方政府和电竞俱乐部等电竞文创产业-商业生态系统的参与者，为了自己在电竞行业的成功而发挥各自的作用，同时通过商业生态系统内的电竞赛事来促进其互补和相互依存的关系，并提高电竞产业的生产力。

由于中国政府近年来推动发展电子竞技产业，多个地方政府和市政当局在全国范围内起到了扶持和引导电竞产业发展的作用。我们认为上海、西安和成都是中国领先的电竞城市，它们将电子竞技置于其文化创意产业发展的最前沿。其中，上海市政府是最积极的地方政府：它推出的支持政策最多，吸引了大量电竞团队（而不是电竞俱乐部）入驻上海并扩大电竞业务；引进电竞人才和国际赛事；孵化本地电竞文化品牌；提供相对完善的优惠政策、政府补贴以及城市的数字基础设施和技术支持。2018 年，上海市 13 个行政部门联合发布了《关于促进上海动漫游戏产业发展的实施办法》，旨在通过支持 2~4 个顶级电竞团队，打造体现城市美德和品牌的市政团队，使上海成为“电竞之都”。[①] 值得注意的是，该政策将赛事品牌和电竞队伍、场地、直播的发展描述为“引进顶级电竞赛事的全方位解决方案”，强调电竞赛事产业的发展潜力依赖于整个行业。

2017 年，中共上海市委和上海市人民政府联合发布《关于加快本市文化创意产业创新发展的若干意见》，旨在通过发展电竞产业集群，打造完整的电竞赛事、交易、直播、培训、品牌建设和衍生品营销生态圈，将上

① 关于印发《关于促进上海动漫游戏产业发展的实施办法》的通知［EB/OL］.［2023-09-24］. http://www.shanghai.gov.cn/zhsjzc/20230506/aa94b52d77844b08bb424d8cb3489834.html.

海打造成“电竞之都”。[①] 因此，上海政府的“鼓励”被部分本地电竞俱乐部的管理者称为“基石”，这“提供明确的积极信号，以更好地了解我们如何定位自己并适应本地的生态系统”（受访者 A）。另一位受访者 F 说：“这些政策明确表示优先考虑电子竞技团队而不是俱乐部，然而，赛事的表现让我们（俱乐部）有机会证明自身的价值……”2021 年 1 月，上海宣布将开设“上海国际新文创电竞中心”，该中心将成为电子竞技团队和组织以及酒店的中心枢纽。[②]

如上节中的表 3-2 所示，文创产业的政策发展与电竞的政策发展是同步的，我们可以说，向文创产业发展是一条能够满足电竞产业的延伸性和文化属性的道路。而如上海这样的地方政府在电竞文创产业-商业生态系统中发挥着基石的作用，并以间接方式展示和行使其在商业生态系统中的地位和权力。本小节虽然简化了把电竞商业生态系统内的参与者相互联系起来的复杂程序，但也认为地方政府发挥重要作用，它们通过为商业生态系统提供一套稳定和可预测的共同资产来提高其可持续性。[③]

电竞俱乐部在电竞文创产业-商业生态系统中扮演了价值支配者的角色，但价值支配者对商业生态系统几乎没有直接的控制，而是主要作为单一的枢纽发挥作用。[④] 而且，电竞俱乐部并没有直接提高生产力，而是利用其在电竞比赛中的战略地位和对电竞观众的独特影响力，从商业生态系统中提取价值。电竞赛事则是物理主导者，通过提供游戏内容、连接线上

① 上海举行《关于加快上海文化创意产业创新发展的若干意见》发布会［EB/OL］.［2023-06-14］. http：//www. scio. gov. cn/xwfb/dfxwfb/gssfbh/sh _ 13834/202207/t20220715 _ 204524. html.

② 全球首个“上海国际新文创电竞中心”落户南虹桥！电竞迷们欢呼吧！［EB/OL］.［2023-06-14］.http：//tradeinservices. mofcom. gov. cn/article/shidian/gzjz/201806/62535. html.

③ Iansiti，M.，& Levien，R. The keystone advantage：What the new dynamics of business ecosystems mean for strategy，innovation，and sustainability ［M］. Boston：Harvard Business Press，2004.

④ Iansiti，M.，& Levien，R. The keystone advantage：What the new dynamics of business ecosystems mean for strategy，innovation，and sustainability ［M］. Boston：Harvard Business Press，2004.

和线下产业价值链来主导商业生态系统。[①] 腾讯电竞作为中国主流的电竞企业集团，从2018年开始推广电竞赛事的主客场制度，使得电竞赛事的本地化和电竞的物化与城市发展密切相关。[②] 电竞的主客场制度是指不同电竞队伍在各自的城市举办一系列电竞比赛，且互相轮流在对方的城市进行比赛的赛事模式，源于传统NBA中的主客场模式。这样一来，原本在某个特定城市举办的电竞赛事，就可以通过其他电竞俱乐部由不同的城市来主办，成为其他电竞队伍的主场，由此促进主场城市的电竞附属产业发展，并且帮助市政府进入前沿利基。其具体情形如下所述：

> 在主客场制度的推动下，电竞俱乐部和电竞队伍就像传统的足球或篮球俱乐部一样，成为一个城市的标签和标志，为当地发展带来巨大的产业价值……由于具有城市特许经营权的职业电竞联盟在其主场市场寻找新的场地，该城市就开始提供各种类型的电竞专用场地以展示其吸引力。（受访的上海官员D说）

地方政府和电竞俱乐部之间的互补关系是由赛事的经济潜力接合起来的。在国家政策的支持下，电竞的地区化趋势进一步加强，并推动了整个行业的发展。此外，电竞的附属产业在俱乐部和比赛的基础上得以发展，吸引了更多的电竞游戏用户，并促进了地区文化的发展。

例如，2018年，西安市曲江新区管委会出台了《曲江新区关于支持电竞游戏产业发展的若干政策》，对办公场所、赛事承办、俱乐部入驻、宽带费用以及其他相关事项进行补贴，还设立了产业发展基金，完善了政策

---

① Zhao, Y., & Lin, Z. Umbrella platform of tencent eSports industry in China [J]. Journal of Cultural Economy, 2021, 14 (1): 9-25.

② Zhao, Y., & Lin, Z. Umbrella platform of tencent eSports industry in China [J]. Journal of Cultural Economy, 2021, 14 (1): 9-25；泛娱乐升级新文创腾讯五大文创业务集中发布[EB/OL]. [2023-06-14]. https://www.tencent.com/zh-cn/articles/2100009.html.

审批程序和其他政策支持。[①] 同年，中国最成熟的电竞俱乐部之一——Team WE 将西安作为主场，并将自己的品牌更名为西安曲江 WE，在原名称中加入城市名称以突出其城市特色。2019 年，中国顶级职业联赛——《王者荣耀》职业联赛（KPL）春季赛决赛的比赛场地就在西安著名的文化旅游景点——大明宫，西安曲江 WE 战队也是参赛队伍之一。当时全市共接待海内外游客 30110.43 万人次，同比增长 21.71%，旅游业总收入达到 3146.05 亿元，同比增长 23.14%。[②] 由此，地方政府和电竞俱乐部之间的互补性得以实现。

（二）稳健性：赛事、腾讯、传统文化资源

中国的电子竞技对外在的污名化有一定的免疫力，电竞选手也完成了从“游戏成瘾者”到职业运动员的自我认知转变，不过电竞行业也还会面临来自文化认知、经济刺激和当局政策的不确定性。[③] 目前，电竞比赛其实已经成为一种培养爱国公民的媒体奇观，但像腾讯这样的媒体集团仍然致力于为电竞比赛去污名化，腾讯借用中国传统文化的符号和价值观，实施一种新颖的战略，甚至形成一定的规则概念，以可持续的方式巩固整个电竞商业生态系统的稳健发展。[④] 我们通过分析《王者荣耀》全国大赛，发现全国各参与该赛事的地区都在努力呈现当地的传统文化并将之与电竞运动相结合，从而突出自身的区域特色。

腾讯的电竞赛事对传统文化资源（尤其是非物质文化遗产、地方戏

---

① 西安曲江新区关于支持电竞游戏产业若干政策（试行）［EB/OL］.［2023-06-14］. http：//sn.ifeng.com/a/20180816/6810893_0.shtml.

② 2019 年 1~12 月份西安市旅游接待情况［EB/OL］.［2023-09-24］. http：//wlj.xa.gov.cn/xxgk/tjxx/5e4cb302f99d657750767a84.html.

③ Zhao，Y.，& Zhu，Y. Identity transformation，stigma power，and mental wellbeing of Chinese eSports professional players［J］. International Journal of Cultural Studies，2020，24（3）：485-503.

④ Yu，H. Game on：The rise of the eSports middle kingdom［J］. Media Industries Journal，2018，5（1）：88-105.

曲、历史人物和故事以及来自各地区的流行文化物品）主要有三种不同程度的利用，这些文化要素使得各地区变成形象生动的参赛者，从而增强了赛事的地区认同。首先，各地区通过将当地的传统文化特征附加到电竞联盟的某些明显的属性上，形成该地区的标志和主题，比如直接利用象征团结、求胜、抗争等传统美德的奖牌，将对中国各地联赛的叙述人格化，从而传递基本价值。最典型的例子是华北地区用金镶玉奖牌为联赛"加冕"，以此来体现体育精神和冠军精神。这种具有中国文化价值的"金玉良缘"体现了中国人民对奥林匹克精神和运动员的尊重。同样，中国东北地区用钢铁奖牌象征联赛的团结和坚韧，呼应了中国广泛流行的歌曲："团结就是力量，这力量是铁，这力量是钢，比铁还硬、比钢还强。"其次，各地区联盟还借鉴了中国传统文化符号的隐喻和联想，通过再现中国古代战争叙事中的形象来强化自己的身份，建构起抵御敌人的比喻。例如，华中地区的电竞联盟使用中国战国时期的重要乐器"凤鼓"，反映了中国人的凤凰崇拜以及渴望和平、战胜凶恶的精神；西安作为中国历史上最重要的地区之一，在西北地区独树一帜，以西安为代表的西北电竞联盟以微型仿唐盔甲为标志，在《王者荣耀》全国大赛的地区赛海报上进行展现，传达了无畏、决心、防御敌人的内涵。最后，其他一些文化资源丰富的地区也积极利用当地的文化符号，如西南地区的石雕毛笔——中国古代常用的书法笔；华南地区的粤绣，与李小龙的形象融为一体；华北地区的快板——一种传统的口头故事表演乐器。一位来自杭州的受访官员 F 表达了他们对追逐电竞市场的渴望：

> 电子竞技是一种文化交流形式，其文化性远比其体育性和商业性更重要。电竞比赛是一个很好的机会，可以帮助我们刷新城市的形象，通过拥抱当今流行的 Z 世代，建立独特的城市品牌。如果政府官员忽视年轻人为 EDG 获得冠军欢呼的原因，那将是巨大错误，这是不能忽视的……我们不仅应该追赶市场变化的前沿，而且要有充分的理

由引领市场潮流。

因此，由于电子竞技时常面临污名化和不稳定的挑战，腾讯不得不运用传统文化资源中的积极价值和共同认知来维持电竞商业生态系统的健康发展。[①] 根据腾讯电竞、电竞赛事和当地传统文化来衡量会员资格有助于了解电竞生态系统的稳健程度。[②] 换句话说，这是发现价值主张并通过上述活动维持共同愿景的过程。[③]

（三）利基创造：赛事、房地产开发商、地方政府

政府政策和政策制定者不断强调电竞比赛的重要性，本节讨论了电竞赛事如何与作为利基参与者的房地产开发商和作为基石的地方政府相互作用，其中地方政府的政策变化对电竞商业生态系统的可持续性有重大影响。我们发现，上海、成都、西安等市政府的期望延伸到招商引资、促进电竞产业结构升级、增加税收、吸引年轻电竞人才等方面。

> 国家级和国际级的比赛吸引了来自世界各地的观众，带来巨大的消费，不仅有利于电竞产业，也有利于当地的旅游业、娱乐业、城市交通、酒店业等。（受访的成都地方官员 H）

例如，上海市政府就在电竞商业生态系统中发挥了关键作用，为创造利基的参与者提供政治基础，调节电竞商业生态系统参与者之间的联系，

① Zhao, Y., & Lin, Z. Umbrella platform of tencent eSports industry in China [J]. Journal of Cultural Economy, 2021, 14 (1): 9-25.

② Iansiti, M., & Levien, R. The keystone advantage: What the new dynamics of business ecosystems mean for strategy, innovation, and sustainability [M]. Boston: Harvard Business Press, 2004.

③ Moore, J. F. The four stages of a business: Life cycle lessons from nature [J]. 1996. Online. https://www.strategy-business.com/article/17719.

努力提高产业多样性和商业生态系统的生产力。[①]

> 我们一直在出台关于电子竞技的政策，以最大限度发挥赛事的潜力，衡量标准包括促进行业的专业化和体育化，并通过启动退税、补贴以及资金和基础设施的优惠政策来引进人才、团队和企业。（受访的上海地方官员 D）

上海市政府的文化创意产业政策虽然鼓励对电竞场馆和文化创意产业集群（如电竞小镇）建设或重建的投资，但也同样允许电竞产业与上海强大的房地产开发商合作。因此，房地产开发商作为电竞行业的局外人，通过参与电竞产业集群的发展进入了上海的电竞生态圈。

在商业生态系统中，利基参与者的目标是发展其专门能力，使其区别于系统中的其他行为者。[②] 由于电竞产业的经济价值巨大，文化创意产业政策作为上海城市复兴计划的一部分，将电竞集群视为经济助推器，将电竞产业视为房地产开发的目标资源。因此，房地产开发商作为利基参与者，在电竞生态系统呈现支持多样性和可持续参与者的能力时，通过利用本身的资本、土地和基础设施资源来发挥力量，而这些资源是其他参与者不具备的。最典型的例子是，上海及周边地区一方面着手发展电竞文化创意产业集群，静安、宝山、闵行等地推出自己的“电竞小镇”，专门用于电竞文化生产和消费，其共同的政治经济目标是“打造上海的文化品牌，实现成为全球文化大都市的战略目标”。[③]另一方面“电竞小镇”需要建设配套的体育场馆、基础设施和电竞主题酒店，这对希望从与电竞产业的线

① Iansiti, M., & Levien, R. The keystone advantage: What the new dynamics of business ecosystems mean for strategy, innovation, and sustainability [M]. Boston: Harvard Business Press, 2004.

② Iansiti, M., & Levien, R. The keystone advantage: What the new dynamics of business ecosystems mean for strategy, innovation, and sustainability [M]. Boston: Harvard Business Press, 2004.

③ O' Connor, J., & Gu, X. Shanghai: Images of modernity [J]. Cultures and Globalisation: Cities, Cultural Policy and Governance, 2012, 5: 288.

下整合中获益的房地产开发商具有巨大的吸引力。当然，也不是所有的电竞产业集聚区都能成功地吸引观众、拉动消费。

2020 年 10 月，上海闵行区推出集商业、文化、体育赛事于一体的综合场地，根据转让公告，竞买人需在该地块上建设面积不低于 1 万平方米的电竞主题酒店、不低于 1 万平方米的专业电竞场馆以及不低于 6000 平方米的多功能电竞场馆。此外，还要求引进服务和支持电竞产业的商业项目，并打造电竞相关产业，如影视、游戏、动漫、直播产业等（受访者 B）。此外值得注意的是，中国其他地区的一些电竞产业集群，如重庆忠县在当地电竞场馆成功举办了《穿越火线》总决赛后，也已形成具有代表性的产业集群。

因此，从地方政府层面来看，鼓励发展电竞产业集群的基本逻辑是创造就业机会、提高税收收入和促进城市增长。因此，电竞商业生态系统中的经济互动得以成功策划，并形成了上海市发展文化创意产业的共同目标。许多作为利基参与者的企业位于电竞商业生态系统的“边缘”，它们其实更应该积极追求创新，因为它们是创新的基本动力。① 然而，房地产开发商和地方政府将“电竞+房地产”模式作为收入导向的商业模块来刺激城市发展，却未能优先考虑围绕赛事的持续的文化创意和创新，忘记了这才是商业生态系统发展的基本使命。②

五　本章小结

进入 21 世纪，“创新”（或称创造力）这个词已呈“泛滥”之势，几

---

① Iansiti, M., & Levien, R. The keystone advantage: What the new dynamics of business ecosystems mean for strategy, innovation, and sustainability [M]. Boston: Harvard Business Press, 2004.

② Adner, R. Ecosystem as structure: An actionable construct for strategy [J]. Journal of Management, 2017, 43 (1): 39 - 58; Hou, H., & Shi, Y. Ecosystem-as-structure and ecosystem-as-coevolution: A constructive examination [J]. Technovation, 2021: 100; O'Connor, J., & Gu, X. Shanghai: Images of modernity [J]. Cultures and Globalisation: Cities, Cultural Policy and Governance, 2012, 5: 288.

乎成了世界范围内的文化“霸权术语”。① 文化创新与当代资本主义生产和消费模式之间关系密切，“创新”既表现了后福特制（Fordist）资本主义的潜力，又表现了其压迫性的一面。② 文化创新对创意工人承诺自我实现，对政府则承诺经济增长，由此文化创意产业（cultural creative industry，CCI）应运而生，而产业集聚则是发展文化创意产业和提升产业竞争力的重要因素。③ 1997 年，英国首相托尼·布莱尔提出了创意产业的概念，并将其作为国家项目加以推广，旨在将英国打造成“全球最前沿”的文化创意国家。④ 除了传统的文化创意行业，如设计、音乐和时尚，在某种程度上其他任何产业也都有可能成为文化创意产业，尤其是在全球经济衰退、就业不景气和城市活力亟待复兴的背景下。⑤ 因此，文创产业经常被认为是提振经济和城市活力的助推器。⑥ 2001 年，中国加入世界贸易组织，强

① Hesmondhalgh, D., & Baker, S. Toward a political economy of labor in the media industries [C]. in A. Sreberny et al. (eds.), The handbook of political economy of communications. New York: Wiley. 2011. Schlesinger, P. Creativity: From discourse to doctrine? [J] Screen, 2007, 48 (3): 377-387.

② Peuter, G. D. Beyond the model worker: Surveying a creative precariat [J]. Culture Unbound, 2014, 6 (1): 263 - 284; Gill, R., & Pratt, A. In the social factory?: Immaterial labour, precariousness and cultural work [J]. In Theory, Culture and Society, 2008, 25 (7-8): 1-30; Lazzarato, M. Neoliberalism in action: Inequality, insecurity and the reconstitution of the social [J]. Theory, Culture and Society, 2009, 26 (6): 109 - 133; Hesmondhalgh, D., & Baker, S. Toward a political economy of labor in the media industries [C]. in A. Sreberny et al. (eds.), The handbook of political economy of communications. New York: Wiley. 2011.

③ Gill, R., & Pratt, A. In the social factory?: Immaterial labour, precariousness and cultural work [J]. In Theory, Culture and Society, 2008, 25 (7-8): 1-30; Hesmondhalgh, D., & Baker, S. Toward a political economy of labor in the media industries [C]. in A. Sreberny et al. (eds.), The handbook of political economy of communications. New York: Wiley. 2011; Zhou, Q. Innovation requires concentration and conglomeration [J]. China Civil Entrepreneur, 2017, 1: 8.

④ Schlesinger, P. Creativity: From discourse to doctrine? [J] Screen, 2007, 48 (3): 377-387.

⑤ Peuter, G. D. Beyond the model worker: Surveying a creative precariat [J]. Culture Unbound, 2014, 6 (1): 263-284; Florida, R., & Goodnight, J. Managing for creativity [J]. Harvard Business Review, 2005, 83 (7): 124 - 131; Schlesinger, P. Creativity: From discourse to doctrine? [J] Screen, 2007, 48 (3): 377-387.

⑥ Cunningham, G. B., Fairley, S., Ferkins, L., Kerwin, S., Lock, D., Shaw, S., & Wicker, P. eSport: Construct specifications and implications for sport management [J]. Sport Management Review, 2018, 21 (1): 1-6.

烈渴望从“中国制造”转变为“中国创造”，于是文化创意产业的概念被引入中国。[①] 建立以文化创意为导向的创新经济，对中国政府而言不仅是重要的经济动力，也是国家发展议程的一个基本组成部分。一方面，中国的文创产业依赖“全球资本、管理和引进的专业知识”；另一方面，文创产业的内容生产主要由地方政府推动。[②]

本章通过对电竞商业生态系统中三个层次的系统分析，研究中国电竞产业及其作为文化创意产业的发展状况，以及对电竞商业生态系统做出贡献的新兴利益相关者（见图 3-2）。研究发现，腾讯作为电竞商业生态系统的物理主导者，通过电竞赛事发挥其影响力，要么直接接管生态系统，要么隐蔽地从生态系统中抽取价值。腾讯利用游戏产品的文化和娱乐特性，与相关文化机构合作，将中国传统文化资源融入业务发展，因此，其商业发展策略与政府提出的“文化自信”口号相配合，确保了电竞商业生态系统的稳健和稳定。腾讯利用中国传统文化的要素和资源，不仅使电竞赛事呈现积极的文化表征，促进参赛的地区联盟队伍形成地区认同和文化认同，还是一种实现电竞文化生产的有效手段，由此也促进了电竞商业生态系统在文化生产方面的稳定。此外，有限的证据还表明了地方政府从与腾讯的合作中受益和共同发展的方式，如图 3-2 中单向虚线箭头所示。

推动文创产业发展的三个相互联系的因素是政府部门、文化基础设施和文化旅游。我们得出主要的结论，认为现阶段电竞文创产业-商业生态系统的发展既体现巨大的潜力，又反映一定的不稳定性。一方面，地方政府、房地产开发商和电竞赛事呈现电竞行业商业模式和创新活动日益相互依存和共同演变的趋势；另一方面，商业生态系统任何领域的弱点都会破坏整体的表现，如房地产开发商和电竞赛事之间的脱节（见图 3-2 中的虚

① Keane, J. The life and death of democracy [M]. New York: Simon & Schuster, Inc. 2009.

② Fung, A. Y. Comparative cultural economy and game industries in Asia [J]. Media International Australia, 2016, 159 (1): 43-52.

线部分），就解释了部分领先地区（如上海）的电竞集群失败的原因。[①]

具体来说，房地产开发商作为电竞生态系统中的利基参与者之一，仍处于初创阶段，与电竞价值链协调和共同发展的能力较差。结合上海电竞产业集群的现状，我们认为电竞产业集群更像是房地产项目，对文化创意产业集群的具体要求关注不够，电竞商业生态系统的早期阶段存在创新驱动的互补性和相互依存性尚未实现的困境。总之，本章研究的创新之处体现为，这种情况可能为考虑中国当代数字社会中的文化创意特征/产业提供新的交汇领域，同时，电竞产业创新性的文化“生产”也反过来引导电竞行业行为者的身份“认同”和行业归属感，进而改变电竞产业的文化表征和受众的消费行为。

此外，本章还帮助读者理解地方政府是从经济和文化上受益于商业生态系统的参与者之一，而不是监督和监管它的局外人。同时，地方政府和电竞比赛之间的互补性和相互依存性是值得付诸实践的，特别是当支持政策和文化创意议程与当地城市的国际形象相匹配时。在政治和经济力量的作用下，电竞的发展成为中国在追求文化强国道路上自强的重要体现。[②]鉴于电竞产业在全球化过程中的快速发展，全球和地方资本与爱国-技术-文化状态如何并存是值得进一步探讨的重要问题。

---

① Iansiti, M., & Levien, R. The keystone advantage: What the new dynamics of business ecosystems mean for strategy, innovation, and sustainability [M]. Boston: Harvard Business Press, 2004.

② Zhao, Y., & Lin, Z. Umbrella platform of tencent eSports industry in China [J]. Journal of Cultural Economy, 2021, 14 (1): 9-25.

第四章　中国电竞的物质文化消费与关系网络：基于行动者-网络理论的分析

根据《2022电竞产业报告》，2022年全球电竞观众数预计将增至5.32亿人，同比增长8.7%，其中每个月观看一次以上比赛的核心电竞爱好者将为2.61亿人以上。中国拥有全球最大的电竞直播市场，从2020年开始，中国市场以7.6%的复合年增长率持续增长，预计到2025年中国游戏直播观众将达到2.675亿人，占全球观众的近一半。截至2022年底，全球电竞行业收入接近13.8亿美元，而中国市场的收入占全球市场收入的近1/3。[①] 由这些数据可以看出，中国的电竞消费市场已经相当庞大，且在世界电竞市场中占据重要地位。随着高性能硬件的普及和互联网基础设施的发展，对中国普通大众而言，电子竞技将比以往更加触手可及，电竞消费行为也越来越常见。目前大众对电竞的消费主要是购买电竞周边商品（包括虚拟和实物商品）和观看游戏赛事直播，此外还有电竞教育培训项目等。从宏观来看，不仅国家、互联网企业、地方政府和其他利益相关者深度参与电竞产业，电竞玩家、粉丝、观众和其他消费者也构成了电竞产业的庞大消费群体，形成了独特的电竞消费文化和青年消费亚文化。

由中国电竞产业巨大的市场规模，我们可以推测和预想产业内部的经济价值和消费文化输出的前景，本章的研究主要集中于电竞产业内部从业

① Newzoo《2022电竞产业报告》发布，剖析电竞未来丨收藏［EB/OL］.［2023-06-14］. https://i.ifeng.com/c/8Gi6K0bBkP8.

者的物质性消费和关系网络，尚未涉及行业外部大众的电竞消费文化和消费行为。就研究视角和研究方法而言，本章主要是从中国电竞在媒体、信息和技术等方面的属性出发——因为电竞本身可以视为“媒体、通信和信息流逻辑的产物”[①]——并通过行动者-网络理论（Actor-network Theory，ANT）来研究中国电竞行业的文化消费与关系网络。我们认为，物质、技术、关系和社会系统不只是电子竞技的媒介，其本身也是使电子竞技结构化的方式，它们既是电竞文化消费的物质载体，也是电竞文化的表征和象征电竞文化认同的重要符号。尤其是在中国社会的舆论话语中，电竞背负着长期的刻板印象和污名化压力，而行业中的硬件设备、技术、关系网络和规范系统是帮助中国电竞减轻这些压力的重要方式。[②]

一　理论概念与研究方法

（一）行动者-网络理论

行动者-网络理论是一个社会技术框架，关注技术和社会的动态互动关系。该理论认为技术是社会建构的，同时也反过来建构社会，社会和技术在本质上是相互交织和共同构建的。[③] 社会和技术之间的协商过程使人类能够将任务委托给技术，而技术则反过来为我们规定特定的行动。[④] 因

---

① Hutchins, B. Signs of meta-change in second modernity: The growth of e-sport and the World Cyber Games [J]. New Media & Society, 2008, 10 (6): 851-869.

② Lin, Z., and Zhao Y., Self-enterprising eSports: Meritocracy, precarity, and disposability of eSports players in China [J]. International Journal of Cultural Studies, 2020, 23 (4): 582-599; Yu, H. Game on: The rise of the eSports middle kingdom [J]. Media Industries Journal, 2018, 5 (1): 88-105.

③ Latour, B. Reassembling the social: An introduction to action-network-theory [M]. New York: Oxford University Press, 2005; Latour, B. Networks, societies, spheres: Reflections of an actor-network theorist [J]. International Journal of Communication, 2011, 5: 796-810; Law, J. Organizing modernity [M]. Oxford: Blackwell, 1994; Law, J. After method: Mess in social science research, international library of sociology [M]. London: Routledge, 2004.

④ Slack, J. D., and Wise, J. M. Culture and technology: A primer (2nd ed.) [M]. New York: Peter Lang, 2015.

此，行动者-网络理论强调了结构和行动者之间的紧张关系，核心问题是理解“如何使某人做某事”[①]。而且该理论对人类和非人类一视同仁，试图研究人类社会行动者和非人类技术行动者之间的互动作用，并将其视为从根本上促进社会变革的关系网络。

具体来说，无论是人类行为还是非人类行为，如果其“行为”影响他人，那么任何事物都是“行动者”。行动者-网络理论中的“行动者”指的是“任何通过产生差异而改变事态的东西”；它“实际上可指任何东西，只要它成为行动的来源”。[②] 因此，一些学者更喜欢用抽象术语“行动者”而不是“行为者”来表示行为实体。[③]

行动者-网络理论研究的关系重点可简化为行动者及其关系。[④] 行动者可以是实体、事物、人，甚至社会本身，在不同异质元素聚集的背景下，不同行动者之间产生不同的相互关系。[⑤] 其实，行动者-网络理论在某种程度上就是“关联的社会学”或“衍生关系”，是用来探索不同的行动者是如何链接或关联到网络中特定位置的框架的。[⑥] 因此，该理论广泛运用于

① Latour, B. Reassembling the social: An introduction to action-network-theory [M]. New York: Oxford University Press, 2005: 59.

② Latour, B. Reassembling the social: An introduction to action-network-theory [M]. New York: Oxford University Press, 2005: 71; Latour, B. On actor-network theory: A few clarifications [J]. Soziale Welt, 1996, 47 (4): 373.

③ Latour, B. Reassembling the social: An introduction to action-network-theory [M]. New York: Oxford University Press, 2005; Plesner, U. An actor-network perspective on changing work practices: Communication technologies as actants in newswork [J]. Journalism, 2009, 10 (5): 604-626.

④ Alcadipani, R., and Hassard, J. Actor-network theory, organizations and critique: Towards a politics of organizing [J]. Organization, 2010, 17 (4): 419-435; Latour, B. Reassembling the social: An introduction to action-network-theory [M]. New York: Oxford University Press, 2005.

⑤ Law, J. Organizing modernity [M]. Oxford: Blackwell, 1994; Law, J. Objects and spaces [J]. Theory, Culture & Society, 2002, 19 (5-6): 91-106.

⑥ Law, J. After method: Mess in social science research, international library of sociology [M]. London: Routledge, 2004; Fenwick, T., & Edwards, R. Actor-network theory in education [M]. London: Routledge, 2010; Latour, B. Reassembling the social: An introduction to action-network-theory [M]. New York: Oxford University Press, 2005.

社会学研究中，尤其是信息技术领域，用来探索技术的效果是如何通过网络中不同行动者之间的合作而产生的。①

行动者-网络理论聚焦能动性的条件、约束和改变，针对人类运动、平衡、镇定、触觉感知以及身体感官网络化技术等主题展开研究，可以帮助我们更好地理解中国电竞产业在发展过程中不同行动者和关系的内在组合与相互作用。② 该理论有一个重要概念是“集群”（assemblage），我们也将中国电竞视为一种产业集群。从理论上说，集群是“一个绑定、组合的过程，或者更好的情况下是递归的自我组合，其中组合在一起的元素在形状上并不固定，不属于一个更大的预设清单，而是在它们纠缠在一起时至少部分地被构造出来”③。一个集群是由异质元素的连接、关联和相互作用组成的，因此，本章详细探索了中国电竞的物质行动者和行动者的关系网络，其中也包含了电竞行业的物质性消费行为和消费文化。

此外，本章对中国电竞的研究也是一种媒体研究方式和视角，关注电竞、媒体以及信息和通信技术（ICTs）之间的关系和互动。媒体研究者一般探讨媒体、通信和信息的流动如何创造了一个融合线上和线下世界的空间，使电竞在数字和物理空间中传播。④ 因此，电竞作为一项“媒体运动”

---

① Andrade, A. D., & Urquhart, C. The affordances of actor network theory in ICT for development research [J]. IT & People, 2010, 23 (4): 352 - 374; Baron, L. F., Gomez, R. The associations between technologies and societies: The utility of actor-network theory [J]. Science, Technology and Society, 2016, 21 (2): 129-148; Adonai, T., and Joia, L. A. Assessment of digital inclusion via the actor-network theory: The case of the Brazilian municipality of Piraí [J]. Telematics Informatics, 2011, 28: 191-203; Tatnall, A. ICT, education and older people in Australia: A socio-technical analysis [J]. Education and Information Technologie, 2014, 19.

② Hanson, L., Holligan, C., and Adams, M. “Looked-after” young people's voices an actor-network theory analysis [J]. Children's Geographies, 2016; Witkowski, E. On the digital playing field: How we “do sport” with networked computer games [J]. Games and Culture, 2012, 7 (5): 349-374.

③ Law, J. After method: Mess in social science research, international library of sociology [M]. London: Routledge, 2004: 42.

④ Hutchins, B. Signs of meta-change in second modernity: The growth of e-sport and the World Cyber Games [J]. New Media & Society, 2008, 10 (6): 851-869.

已经在“其本质上深深扎根于技术和媒体”[①]。电竞视频和电脑游戏竞技通常是基于 ICTs 的，玩家在游戏和竞技过程中发展心理素质与身体能力。[②]在这个意义上，电竞表现为竞技、能力和数字技术的结合，也是游戏、体育、文化和技术的融合，因此本质上，电竞无法离开媒体和技术而存在。[③]此外，玩家的输入和电竞系统的输出是“以人机界面为媒介”[④]，这表明电子竞技是“通过人类和机器的行动共同构建的”[⑤]。这种共同建构也是行动者-网络理论的重要观点。

因此，本章利用行动者-网络理论来研究中国电竞行业的消费和网络关系，在中国的特殊背景下，人类和非人类行动者都需要发挥特殊的能动性来对抗中国社会对电竞的刻板印象和污名化。通过实证研究，我们主要关注中国电竞行业中不同的人类和非人类行动者是如何聚集并联系在一起的，并研究它们如何使用力量强化或削弱彼此的影响。

（二）研究方法

行动者-网络理论主要探究行动者和文本，具体研究方法包括访谈、民族志研究和文本分析法。本章结合民族志调查、参与观察和深度访谈等方法，运用第一手资料对电竞的行动者-网络进行研究。民族志和参与观察使我们能够“身临其境”、在线和离线收集数据并在现实生活中进行洞察，深

① Taylor, T. L. Raising the stakes: E-sports and the professionalization of computer Gaming [M]. Cambridge, MA: MIT Press, 2012: 262.

② Hartmann, T., and Klimmt, C. Gender and computer games: Exploring females' dislikes [J]. Journal of Computer-Mediated Communication, 2006, 11 (4): 910-931; Taylor, T. L. Raising the Stakes: E-sports and the professionalization of computer gaming [M]. Cambridge, MA: MIT Press, 2012: 262.

③ Jonasson, K., and Thiborg, J. Electronic sport and its impact on future sport [J]. Sport in Society, 2010, 13 (2): 287-299.

④ Hamari, J., and Sjöblom, M. What is eSports and why do people watch it? [J]. Internet Research, 2017, 27 (2): 211.

⑤ Taylor, T. L. Raising the Stakes, E-sports and the professionalization of computer gaming [M]. Cambridge, MA: MIT Press, 2012: 262.

度访谈有助于我们探寻该领域人士的深刻思想以及他们的幕后故事。[①]

本章采用的民族志调查历时两年（2018 年 3 月至 2020 年 12 月）。我们根据目的性抽样来确定研究地点和受访者，这些抽样体现了我们的判断和选择，即“谁能为研究兴趣和现象提供最佳视角”[②]。然后我们在上海、广州、苏州和成都的 15 家顶级电竞俱乐部进行了实地考察，以定期和系统的方式观察和记录事件，主要是观察行动者如何进行电竞实践。我们进行了 35 次深入访谈，访谈对象包括电竞选手、俱乐部经理、教练、主播等行业内不同的利益相关者，所有的信息提供者都是匿名的。此外，我们还研究了其他资料，包括政府的相关政策文件、游戏公司的公开财务报表、相关新闻报道和网民对电竞的讨论等。

我们作为电竞游戏的业余玩家，还通过复杂的物质参与和关系网络成为参与观察式的研究者——玩家，这有助于我们获取实践经验和相关数据。在参与观察过程中，我们使用设备、分享记忆，并以复杂的方式与本章中提到的人群和组织联系。因此，我们作为研究者已经深入中国电竞产业的集群中。这种研究者——玩家的特殊地位可能为从主位的角度理解电竞开辟了道路，同时我们也需要更敏感的自我反思，这在电竞产业之外的客位角度是无法实现的。不过，我们在这个集群中的位置也可能会影响我们对中国电竞产业的知识构建过程。

二　物质行动者与物质文化消费

评估行动者-网络理论对物质的重视程度，有一种卓有成效的方法是研究塑造、构成和促进某个研究主题的物质参与者的行为模式。[③] 因此，

---

① Wolf, M. A Thrice-told tale: Feminism, postmodernism and ethnographic responsibility [M]. Stanford: Stanford University Press, 1992: 128.

② Abrams, L. S. Sampling "hard to reach" populations in qualitative research: The case of incarcerated youth [J]. Qualitative Social Work, 2010, 9 (4): 538.

③ Law, J. Organizing modernity [M]. Oxford: Blackwell, 1994.

本节重点讨论电竞实践的物质现实，特别是设备和环境等物质行动者及其行为模式，这些是电竞产业消费的主要对象。我们可以说，设备是电竞产业本身的消费品，而电竞产业本身和从业者也是一种特殊的消费者。

（一）作为物质基体的硬件设备

电竞产业甚至更广泛的游戏产业的发展与ICTs硬件和软件的发展有着内在的联系，其中设备作为主要驱动力发挥了重要作用。其实，像intel、AMD、NVIDIA、GIGABYTE、三星等设备公司长期赞助电竞赛事，直接促进了全球和各地电竞产业的发展。例如，AMD和intel都赞助特定的电竞游戏（AMD赞助《DOTA 2》；intel赞助《英雄联盟》），并为不同的电竞团队冠名（AMD冠名Fnatic和Evil Geniuses；intel冠名Edward Gaming）；AMD甚至为《DOTA 2》开发专用的芯片和显卡。自2000年以来，三星一直是世界电子竞技大赛（WCG，国际最大的游戏电子竞技比赛之一）的创始者和主要赞助商。前资深电竞玩家、现电竞俱乐部经理赵先生解释到：

> 电竞比赛的诞生是为了在竞技环境中展示（三星）显示器的高品质和性能，从某种程度上说，电竞是计算机设备行业的副产品。但后来设备公司也需要电竞了，这是因为一旦一个品牌与电子竞技联系起来，就会被贴上高端和高质量的标签。所以，你会看到这么多新老公司和品牌进入电子竞技市场，这反过来又进一步促进了电竞产业的发展。这是双赢局面的良性循环。

从这个意义上说，设备构成了电竞产生和发展的物质基础，作为基础性的存在，它可被视为物质行动者和电竞产业的消费品，不断地在电竞产业中发挥积极作用。

（二）故事、记忆和符号

物质基体也成为大多数电竞专业人员和业余爱好者的行动起点。我们采访的大多数退役电竞玩家讲述了他们关于电竞设备演变的“故事”。正如钱先生所说：

> 我以前在 CRT（阴极射线管）显示器上玩 FS（自由式街头篮球），玩了有 10 多年吧，以前大多数网吧的配置是 CRT 显示器。但在这种显示器上玩两三个小时的游戏之后，你就会很不舒服。要玩真正的电子竞技不可能在这样的设备上玩。后来可以用 LCD（液晶显示器）了，但是价格很贵，而且它们的刷新率和反应速度也达不到电子竞技的要求。

物质基体是电竞产业的基础和消费对象，同时也构成了电竞玩家的深刻记忆。在某种程度上，物质基体这一行动者将自己的意志转化为语言，使其他行动者，尤其是电竞玩家对其产生依赖。2014 年以来，大多数液晶显示器的刷新率已经达到 144 赫兹，这使它们有资格参加电竞比赛。但电竞玩家的“胃口”越来越大，其对高端设备的“上瘾”产生了大量相关设备的市场需求，吸引了许多硬件设备公司，如华硕（ASUS）、明基（BenQ）和优派（ViewSonic）等。电竞爱好者孙先生表示：

> 总有更新更好的设备，我很难抵挡住新设备的诱惑。其实现有的设备功能已经足以满足我打电竞的需要，这些实用功能都不再是问题。但是我对更新更好的设备的渴望从未消失，我买了很多套实际可能并不需要的设备，但我很少会为此后悔。

大多数受访者表示，他们购买了不同的设备，包括显示器、鼠标、键盘、耳机，甚至特定的游戏桌和椅子。这种对电竞设备的“职业化追求”被认为是“独特的文化生产领域，其特点是将这种消费形式与休闲和工作区别开来的独特精神"[①]。这种职业化的消费强化了围绕设备消费的独特亚文化，使电子竞技的文化世界与外界的主流文化相区别。因此，电竞设备不仅为视频和在线游戏提供了便利，还作为一种象征，可以展示给朋友或电竞社区的其他人。一些受访者的解释如下：

> 我喜欢玩游戏。只要我能买得起这些设备，我很舍得花钱。在玩游戏时，好的设备可以为我提供更好的体验。（李先生）

> 我买了很多套专业的电竞设备，我觉得设备是电竞的象征。当然，操作能力和游戏技能比设备重要得多，但俗话说"好马配好鞍"，所以装备也很重要。你知道，电竞是高度竞技的，好的装备对你来说也是一种象征，或者说是一种标志，表明你是在专业地玩电竞，至少觉得你是真的在玩。这对你在比赛中的表现有好处。（周先生）

> 我有一个超大超宽的三星曲屏：49 英寸的屏幕，长宽比为 32∶9，1800R 的弯曲面板。我一安装好就立即拍照片，把照片发给我的朋友，还邀请他们来感受这种沉浸式的游戏体验和影院级的观看体验，真的很酷。（吴先生）

> 设备就像一张门票，是你进入电子竞技圈的门票。你需要某些东西来和你的战队聊天，而这（设备）就是很好的选择。（郑先生）

因此，包括能力和技能、规范和价值、语言和符号在内的独特文化气质是购买设备这种消费行为的基础，是一种独特的消费亚文化。[②] 这种亚

① Seo，Y. Professionalized consumption and identity transformations in the field of eSports [J]. Journal of Business Research，2016，69（1）：264.

② Seo，Y. Professionalized consumption and identity transformations in the field of eSports [J]. Journal of Business Research，2016，69（1）：264-272.

文化通过强调技能和职业的共同精神，把自己与将电子竞技视为休闲娱乐的主流文化区分开来。它甚至区分资深玩家和初学者、专业人士和业余爱好者等。在这个意义上，装备的专业消费作为一种“严肃的休闲”①，似乎使玩家不仅获得了游戏、放松和逃避现实的短暂利益，还获得了自我实现感和身份发展的持久利益。② 在这个过程中，玩家把任务交给设备，而设备则影响或规定他们的行动。也就是说，设备不仅是物质，它本身也是一个“行动者”，因为它是其他行动者的行动来源。从行动者-网络理论的角度来看，设备是在电竞系统和玩家之间传递意义或力量的“媒介”，而且是可“转换、翻译、扭曲和修改它们应该承载的含义或元素”的“媒介”。③

（三）拯救并促进电竞产业的发展

电竞设备媒介不仅改变了设备、用户和其他行动者之间的关系，也改变了整个电竞产业，这对中国电竞行业来说意义重大。过去很长一段时间，中国社会一直认为电子竞技的前身电子游戏对互联网文化有害，因此政府出台过很多政策压制电子游戏，给电竞产业带来了巨大的社会压力。④ 许多受访者提到中国电竞的先驱在过去 20 年中承受的巨大压力，他们通过淘宝网销售电竞装备，为自己和电竞行业开辟了一条道路。“它曾经帮助中国电子竞技生存，”赵先生解释说，“它帮助中国电子竞技走出了困境，走出了最困难和最艰难的时期，所以很多退役的电竞玩家都依靠它来生活。否则，就不会有今天这样的电竞产业。”似乎从那时起，中国电竞开

---

① Stebbins, R. A. Amateurs, professionals, and serious leisure ［M］. Montreal: McGill-Queen's University, 1992: 3.

② Seo, Y. Professionalized consumption and identity transformations in the field of eSports ［J］. Journal of Business Research, 2016, 69 (1): 264-272.

③ Latour, B. Reassembling the social: An introduction to action-network-theory ［M］. New York: Oxford University Press, 2005: 39.

④ Yu, H. Game on: The rise of the eSports middle kingdom ［J］. Media Industries Journal, 2018, 5 (1): 88-105.

始被纳入消费主义，并被消费主义利用。但正如 Joan Robinson 所言，“被资本家剥削的痛苦与根本没有被剥削的痛苦相比根本不算什么”①，对于中国电竞产业来说，被剥削的痛苦已经讽刺地成为一种生存方式。它可能在消费主义社会中被利用，否则就可能会脱离经济圈，并可能被完全剥夺获得生活手段的机会。

今天，中国许多退役电竞选手仍然主要依靠在淘宝网销售品牌设备来维持生存和发展，这使电竞设备成为这一领域的关键行动者。几乎所有与电竞相关的装备品牌、公司和商品都邀请过不同电竞明星玩家和团队，为它们的成套装备做广告或代言。正如赵先生进一步解释的，“它（装备）曾经拯救了这个行业，现在它仍然推动着这个行业的进一步发展。因为明星玩家、团队或俱乐部现在发现通过兜售品牌产品很容易从明星身上获利”。一些电竞明星玩家甚至创建了自己的电竞装备品牌。例如，WCG 前冠军（2005 年和 2006 年）Sky（李晓峰）在 2015 年 6 月正式退役，并开办了一家创业公司，名为钛度科技致力于打造中国电竞装备品牌。钛度科技甚至举办了一场名为“以冠军之名”的产品发布会，展示并预售其首款电竞装备产品——钛度鼠标。其以“为电竞而生”为口号并努力实现差异化竞争，钛度鼠标有一个内置的心率传感器和每分钟动作计数器，以测试和记录玩家的身体技能和精神状态。发布会带来了一万个预购订单，之后很快钛度科技的产品类别便几乎涵盖了所有类型的电竞设备。

尽管出现了“物质性转向”，强调媒体技术的物质性，但这种转向仍是一个未完成的状态。② 特别是在游戏研究中，超越游戏的物质性仍然是

① Robinson, J. Economic philosophy [M]. Harmondsworth: Penguin, 1964: 46.

② Bennett, T., & Joyce, P. (eds.) Material powers: Cultural studies, history and the material turn (1st ed.) [M]. London: Routledge. 2010; Allen-Robertson, J. The materiality of digital media: The hard disk drive, phonograph, magnetic tape and optical media in technical close-up [J]. New Media and Society, 2015, 19 (3): 455 - 470; Bruno, G. Surface: Matters of aesthetics, materiality, and media [M]. Chicago: University of Chicago Press, 2014; Goddard, M. Opening up the black boxes: Media archaeology, “anarchaeology” and media materiality [J]. New Media and Society, 2014, 17 (11): 1761-1776.

许多人思考游戏的途径。[①] 然而，本章将电子竞技视为各种人类和非人类行动者的分布式组合，特别是将中国电竞行业视为各种物质环境下的多种物质行动者——尤其是设备——在各种物质环境中的不同配置和组合。在某种程度上，电竞“外部”的实体行动者也塑造了玩家与电竞的关系，并改变了整个电竞行业。可以说，玩家和电竞产业是相互连接的，电竞产业是在与实体行动者的接合中出现的，这表明人类和非人类行动者在其构成中并存。

三 中国电竞的关系网络

除了物质性，关系性也是行动者-网络理论的一个关键维度，不同的行动者通过关系定义和塑造彼此，由此形成行动者网络。[②] 在某种程度上，行动者和关系网络甚至是可相互逆转的。[③] 一个注重行动和能动性再分配的网络，是由它的行动者及其关联界定的，同时，个体行动者完全是由其网络界定的。[④]

电竞本身可以说是一种文化产品，它在各种关系网络中不断被生产、被表征，再经由消费得到普遍的接受和文化认同。本部分不是像一般运用文化循环理论的研究那样从“市场”这一宏观角度分析文化生产与消费，而是关注作为行业本身的行动者“人”和电竞行业领域内的各种行动者网络，关注内容生产者、物质基体和内外部规范系统之间的关系及其消费属性。

---

① Consalvo, M. Cheating: Gaining advantage in videogames [M]. Cambridge: MIT Press, 2007; Kirkpatrick, G. The formation of gaming culture: UK gaming magazines, 1981 - 1995 [M]. Basingstoke: Palgrave Macmillan, 2015.

② Law, J. After method: Mess in social science research, international library of sociology [M]. London: Routledge, 2004.

③ Waldherr, A., Geise, S., & Katzenbach, C. Because technology matters: Theorizing interdependencies in computational communication science with actor-network theory [J]. International Journal of Communication, 2019, 13: 3955-3975.

④ Latour, B. Networks, societies, spheres: Reflections of an actor-network theorist [J]. International Journal of Communication, 2011, 5: 796-810.

（一）人际网络

在电竞领域，人的集合，尤其是职业电竞玩家的网络，在电竞行业中的意义是很突出的。在中国有很多关于明星玩家的传说和英雄的说法，比如 Sky（李晓峰，通常被称为“中国电竞第一人”），“=A. G=MTY”（马天元，中国第一个 WCG 金牌得主），820（邹倚天天，中国 Dota 第一人），等等。其实，中国的电竞产业严重依赖这些传奇人物和英雄，因为他们通过建立新生的“战队”成为中国电竞产业的“种子选手”。这些人际网络包括电竞运动员、教练和经理，后来进一步发展成不同的电竞“俱乐部”。前资深电竞玩家，现在是俱乐部经理的赵先生向我们解释：

> 这些人和这些战队是中国电竞产业的基础，它们为中国电竞吸引、培养和教育了大量高素质的玩家。一些俱乐部如 WE（世界精英）甚至建立了自己的青年培训体系，这产生了深远的影响。现在大多数著名的中国电竞俱乐部可以追溯到这些先驱者或者至少与他们有渊源或联系。

这些人际网络除了具有主导影响（在中国发现、支持、培养有天赋的玩家），还形成了集体和共同的故事、记忆和想象，对不同年代的中国电竞玩家和粉丝产生了持久的影响。大多数受访者在采访中提到 Sky，并承认 Sky 对中国电竞界的影响和贡献，以及对自己的影响。王先生说：“他（Sky）已经成为中国电竞界的一个象征。他代表了拓荒者和吃苦耐劳的精神，他的故事和成功确实鼓舞了许多中国的电竞玩家以及整个行业。”在这个意义上，Sky 作为一个人类行动者，与关于他的话语、故事和记忆（作为非人类行动者）交织在一起，对中国电竞行业的其他行动者产生了影响。

（二）江湖网络

自 2000 年以来，电竞战队和俱乐部的新组合进一步重新分解和组合，有许多电竞战团和俱乐部出现、集结、组合和解散。许多接受采访的俱乐部经理都提到了“江湖”这个词，它是对中国电竞作为一种亚文化的草根性和次生性富有想象力的隐喻。与西方电子竞技的阶层不同，中国的电竞网络就像江湖一样，代表着对主流社会和商业电子竞技形式的替代性想象。① 它为中国电竞的中坚分子（即电竞先锋玩家）以及帮派（即电竞战队和俱乐部）开辟了另类冲突区。赵先生进一步解释道：

> 江湖总有冲突。这些电竞的先驱者通常是16岁、17岁或18岁的辍学青少年。他们冲动、好斗、好胜、不理智。电子竞技自然充满了竞争，因此也充满了潜在的冲突。有人甚至拿自己的手指做赌注，并在比赛结束后将（他们）切手指的图像上传到网络论坛。同样地，战队或俱乐部通常不稳定，很难生存。整个行业不景气，威胁着中国电子竞技的健康发展。

从2011年开始，在了解到这个行业的潜力后，一些风投资金开始流入，为电竞俱乐部创造了新的机会，也带来了问题。这个行业面临的最残酷的问题是“挖人大战”，许多现有俱乐部解体，选手被其他俱乐部“挖走”。“当时根本没有规则，只有恶意竞争，但没有人是赢家。这已经成为任何俱乐部都无法承受的负担。”另一位俱乐部经理冯先生解释道。

（三）联盟和话语权

正是在这样的背景下，这些俱乐部重新组合起来，创建新的关系网络。2011年底，一些顶级俱乐部开始自发组建“中国电子竞技俱乐部联盟”（ACE）。这是一个非政府社会团体，旨在实现中国电竞行业的自我管理。中国电子竞技俱乐部联盟旨在平衡行业内各方利益，并通过建立“转

① Taylor, T. L. Raising the stakes: E-sports and the professionalization of computer gaming [M]. Cambridge, MA: MIT Press, 2012: 262.

会窗口”机制（借鉴传统体育赛事）来解决玩家跳槽和挖角的问题。它还对战队和俱乐部的注册和管理进行了规范，促进了中国电竞行业自我管理的正规化。“虽然 ACE 还存在很多问题，但有问题的协会总比没有好，”冯先生表示，“现在的机制已经好多了，这个机制会不断发展。”其他受访者也对此表示赞同。

虽然内部矛盾仍然存在，或者至少不同俱乐部之间的紧张关系仍然存在，但这个新的集群可以被视为新的行动者，将电子竞技行业内外的其他行动者联系起来，在更广泛的背景下形成协会以及动态关系网络。尤其是，它可帮助电竞俱乐部组成联盟，与游戏产业中更强大的行动者如游戏公司、赛事组织者和国际电子竞技联盟进行互动和谈判。这些协会和网络对于中国电竞尤为重要，因为电竞一度被认为是毒害中国年轻人的“电子海洛因”，而与国内和国际赛事的关系网络可以改变这种刻板印象，并发展出电竞作为职业体育活动的积极形象。[①] 对此赵先生解释如下：

> 游戏是电子竞技的基础，因此游戏公司是电子竞技真正的终极大 Boss。但至少从表面上看，游戏公司组织的各种锦标赛和联赛在中国非常重要，因为它们为电子竞技提供了合法性或合法身份。这说明电子竞技和传统体育运动一样，也存在正能量，而不是社会“毒瘤”。

在这个意义上，行动者的行动不仅是具体的行为，还是围绕着行动者的话语能动性。它们不只是在物质上让人做事，还在人们的认知和感知层面以及社会层面创造一些差异。正是通过这种行动者-网络逻辑，中国电子竞技正在获得合法性。基于这种社会合法性和身份，中国电竞产业可以进一步与其他关键行动者，尤其是媒体和政府进行联系和互动。

---

① Lu, Z. From e-heroin to e-sports: The development of competitive gaming in China［J］. The International Journal of the History of Sport, 2017, 33 (18): 2186-2206; Yu, H. Game on: The rise of the eSports middle kingdom［J］. Media Industries Journal, 2018, 5 (1): 88-105.

（四）媒体和政府的网络

媒体关于电竞伤害中国儿童、学生和青少年的论述而形成的社会负面舆论，导致中国的游戏产业和后来的电竞产业长期面临压力。例如，2017年，腾讯游戏的热门手机游戏《王者荣耀》的日活跃玩家和月活跃玩家分别达到8000万人和2亿人，成为移动游戏史上最受欢迎、收入最高的游戏以及全球下载量最大的应用。[①] 由于非常受欢迎，该游戏推出了一些电子竞技比赛，如《王者荣耀》职业联赛，目标是成为世界上最受关注的电子游戏。[②] 但是，这款现象级的游戏仍然面临来自官方媒体的严厉批评和巨大压力，迫使它做出一系列改变。《人民日报》抨击该游戏传播负面信息，成为腐蚀年轻人的“毒品”，“毁掉”青少年的生活，并指出：“一是游戏内容架空和虚构历史，歪曲价值观和历史观；二是过度沉溺让孩子在精神和身体上被过度消耗。”[③] 媒体的批评导致腾讯损失1090亿港元（140亿美元），进一步导致恒生指数下跌1.5%。[④] 腾讯不得不限制这款游戏，尤其是限制青少年玩游戏的时间和频率，设置了所有用户实名注册的要求，从而使12～18岁的玩家每天只能有两个小时的游戏时间。在这种情况下，我们看到官方媒体是影响中国电竞行业的关键角色。赵先生评论说：“媒体对游戏和电竞的刻板印象是非常强烈的，因此不容易改变，这需要时间。由于许多不同的政府部门都参与到这个新兴产业中来，现在环境确实有所改善。”一般而言，中国的媒体，尤其是官方媒体，作为党和国家的

---

① World's top grossing mobile game debunks gender stereotype [EB/OL]. [2023-09-24]. https://technode.com/2017/07/03/worlds-top-grossing-mobile-game-debunks-genderstereotype-honor-of-kings/.

② 人民网一评《王者荣耀》：是娱乐大众还是“陷害”人生 [EB/OL]. [2019-05-14]. http://opinion.people.com.cn/n1/2017/0703/c1003-29379751.html.

③ 人民网一评《王者荣耀》：是娱乐大众还是“陷害”人生 [EB/OL]. [2019-05-14]. http://opinion.people.com.cn/n1/2017/0703/c1003-29379751.html.

④ Vivienne Chow, Tencent loses $14 billion after criticism from Chinese media [EB/OL]. [2019-05-14]. https://variety.com/2017/biz/news/tencent-loses-14-billion-hong-kong-stock-exchange-criticism-chinese-media-1202487199/#.

"喉舌"，往往将自己与政治权力紧密联系在一起。[①]

除了媒体之外，另一个更强大的行动者是政府。已有研究表明，各国都存在针对电竞行业的外部管理组织。[②] 在中国，政府的不同部门都会对电竞施加影响，其中包括国家体育总局（2003 年确定电子竞技为中国第 99 个体育项目，2008 年改为第 78 个），国家发改委（管理国家电子竞技的赛事组织），工业和信息化部（将电竞产业作为信息产业进行管理），国家新闻出版署（主管游戏发行许可证），中央网络安全和信息化委员会办公室（主管游戏内容审查），文化和旅游部（将电竞作为文化产业进行管理，特别关注其文化内涵），公安部（规范电竞产业管理，特别是实名登记制度），人力资源和社会保障部（对电竞选手等电竞相关新职业进行认定和管理），教育部（在职业学校和大学增加"电子竞技与管理"新专业），等等。这些政府部门在实际规定和管理中存在若干重叠和冲突，它们通常在多重管理机制下共同行动。这时候，这些部门转变为新的集群和网络，对中国电竞产业产生实质性的影响。从行动者-网络理论的角度来看，它们是"可能授权、允许、提供、鼓励、建议、影响、阻止、实现其可能性、禁止等"的行动者网络。[③]

四　本章小结

本章将中国电竞置于媒体、技术和文化研究的视角下，应用行动者-网络理论，认为物质行动者和关系网络不只是简单的媒介，而是本质上就

---

① Wang, H., and Sparks, C. Chinese newspaper groups in the digital era: The resurgence of the party press [J]. Journal of Communication, 2019, 69 (1): 94-119; Zhao, Y. Communication in China: Political economy, power, and conflict [M]. Lanham: Rowman & Littlefield Publishers, 2008.

② Seo, Y. Electronic sports: A new marketing landscape of the experience economy [J]. Journal of Marketing Management, 2013, 29 (13-14): 1542-1560.

③ Latour, B. Reassembling the social: An introduction to action-network-theory [M]. New York: Oxford University Press, 2005: 72.

在构造电竞本身，物质行动者不仅是行业内部人员的重要消费对象，也是电竞产业消费文化输出的主要方式。具体来看，我们将中国电竞产业视为一个集群，其中许多不同的行动者及网络构成了这个产业；它是异质元素的集群，尤其是那些具有中国特色的元素，如江湖矛盾、合法性话语权和政府政策，它们相互联系、相互作用。这个集群中的任何元素或行动者都有自己的能动性，是动态的而不是被动的。在中国，一些像政府这样的行动者深度影响着整个电竞行业，这表明中国电竞是一个在中国政治背景下各方面深深交织的集群，它将异质的行动者和网络置于特定的实践和相互关系中。此外，中国电竞的集群也是一个生成的过程，而不是一种静态的存在方式。这个集群是偶然的，因为它在没有任何固定形状和终点的情况下进行组装、分解和重新组合。在中国的电竞行业中，存在许多的不确定性，即什么人或行动者正在行动、如何行动以及行动的方向是什么。

总之，本章强调了人类和非人类行动者在中国电竞物质文化消费和关系网络中的纠缠和交织，遵循行动者-网络理论的分析框架，我们还进一步展示了行动者-网络中或明确或隐含的权力动态，例如，政府各部委的关系网络通常比物质行动者更强大。[①] 因此，这一物质文化消费关系网络也会唤起人们对潜在的将某种秩序自然化的后果的关注，并警惕将其视作一种管理框架而把政治看成是中立的。从文化循环的角度来看，中国电竞行业中的物质行动者和各类关系网络作为电竞文化的元素之一，也是象征电竞文化认同的一种重要符号，其中物质行动者更是行业文化生产的物质基础和行业内部文化消费的主要对象之一。

---

① Alcadipani, R., and Hassard, J. Actor-network theory, organizations and critique: Towards a politics of organizing [J]. Organization, 2010, 17 (4): 419.

第五章　中国电竞从业者的自我企业化规约：精英话语、不稳定性和易弃性

中国是电竞市场发展最快的国家之一，如前面章节所述，电竞及其前身电子游戏在中国社会和官方话语中，经历了由负面到正面的形象转变过程，这也是中国电竞行业与社会大环境互动的体现。我们用文化循环理论来探讨中国电竞的文化意义时，不可避免地要讨论中国电竞对文化-社会规则的适应甚至挑战，以及电竞行业及其从业者是如何为自身探索发展路径和塑造特定规则的，这正是文化循环中“规则”一环的主要含义，也是本章讨论的重点内容。

改革开放以来，中国市场经济逐渐成为世界上最具代表性的经济体之一，同时也被认为创造了一个独特的新自由主义语境。[①] 本章探索电竞文化与更广泛的新自由主义思潮的关系，采用了“自我企业化”[②] 的理论视角，立足于中国社会的新自由主义语境，从微观视角分析中国电竞行业从业者的行为实践，探究作为电竞文化生产主体的他们，是为何以及如何将自身转变为自我企业化的进取主体的，其自我规约的手段又有哪些。

---

① Harvey, D. A brief history of neoliberalism [M]. Oxford: Oxford University Press, 2007; Rofel, L. Desiring China: Experiments in neoliberalism, sexuality, and public culture [M]. Durham, NC: Duke University Press, 2007; Yan, Y. The individualization of Chinese society [M]. New York: Bloomsbury Academic, 2009.

② Oliva, M., Pérez-Latorre, Ó., and Besalú, R. “Choose, collect, manage, win!”: Neoliberalism, enterprising culture and risk society in video game covers [J]. Convergence, 2018, 24 (6): 607.

前面各章我们已经知道，电竞的基本属性是体育和游戏，但远不止于体育和游戏，“网络体育竞赛已经不能仅从媒体、体育或电子游戏的视角来考虑，三者间的界限已经模糊，所形成的新的社会形式便是电子竞技。在更广阔的图景中，‘电子竞技’还意味着一种‘元变革’，一种发生在我们社会的大规模变革”①。因此，本章将电竞视为一种发生在中国改革开放这一特定语境下的元变革，聚焦中国电竞运动员的行为实践。其实，电竞在某种程度上是玩家和选手“共同实践创造的产物”②，我们也聚焦选手“共塑电竞”规则的过程，探究电竞运动员在自我主体化过程中所遵循的规约。③

一 理论概念与研究方法

（一）自我企业化主体与电子竞技

20世纪末至21世纪初最显著的特征之一，便是循序渐进且意义重大的新自由主义化过程，该过程涉及全球经济、政治和社会，并将资本主义提升为生产伦理、文化逻辑和政治必要性。④新自由主义不仅是一个经济问题，更是一个“将市场经济与政府相联系，并体现在政府的日常管理中”⑤的问题。换言之，新自由主义是一种新的治理模式，在该模式下，群众选择自我管理、自我负责，个人已成为“一种永久性的多重企业”，其理论基础是“将个人理解为生活中的企业家，视他人为竞争对手，将自

① Hutchins, B. Signs of meta-change in second modernity: The growth of e-sport and the World Cyber Games [J]. New Media & Society, 2008, 10 (6): 862.

② Witkowski, E., & Manning, J. Player power: Networked careers in esports and high-performance game livestreaming practices [J]. Convergence, 2019, 25 (5-6): 953-969.

③ Witkowski, E. On the digital playing field: How we “do sport” with networked computer games [J]. Games and Culture, 2012, 7 (5): 349-374.

④ Harvey, D. A brief history of neoliberalism [M]. Oxford: Oxford University Press, 2007.

⑤ Foucault, M. The birth of biopolitics: Lectures at the collège de france 1978 - 1979 [M]. Basingstoke: Palgrave Macmillan, 2008: 131.

己视为一种人力资本"[1]。通过这种"自我即企业"的个人主动调节，"自我"成为规范化社会动态的一份子，社会行为规范成为每个个体自由管理个人行为的最终目标。[2]而自1978年改革开放以来，中国市场日趋开放[3]，官方也积极运用"自我即企业"的治理话语技术，鼓励中国民众"成为自我负责、自我进取、自我管理的主体"[4]。

这种"自我企业化"的新自由主义语境不仅是电竞发展的时代背景，也是体现电子游戏和电子竞技价值的重要话语背景。有学者认为游戏是新自由主义主体的一部分，"虚拟游戏为灵活的工作培养灵活的个性，为军事化的市场塑造新的主题，并使新自由主义内容变得更加有趣"[5]。换句话说，游戏尤其是电子竞技，可以丰富新自由主义的世界观，创造一个新自由主义式的乌托邦，选手可以成为游戏世界的新自由主义英雄，成为现实世界的新自由主义主体。还有学者以《我的世界》（*Minecraft*）为例，认为电子游戏"对于有抱负的新自由主义者而言是一个理想的空间"，他们可以在游戏中"体验新自由主义的乐趣"[6]。游戏可以被视为现实的一种镜

① Read, J. A genealogy homo-economicus: Neoliberalism and the production of subjectivity [J]. Foucault Studies, 2009, 6: 25-36; Foucault, M. The birth of biopolitics: Lectures at the collège de france 1978-1979 [M]. Basingstoke: Palgrave Macmillan, 2008: 241; McNay, L. Self as enterprise dilemmas of control and resistance in foucault's the birth of biopolitics [J]. Theory, Culture & Society, 2009, 26: 655-677.

② McNay, L. Self as enterprise dilemmas of control and resistance in foucault's the birth of biopolitics [J]. Theory, Culture & Society, 2009, 26: 655-677; Miller, P., and Rose, N. Governing the present: Administering economic, personal and social life [M]. Cambridge: Polity Press, 2008.

③ Harvey, D. A brief history of neoliberalism [M]. Oxford: Oxford University Press, 2007; Hesmondhalgh, D., and Baker, S. Creative labor: Media work in three culture industries [M]. London: Routledge, 2011; Rofel, L. Desiring China: Experiments in neoliberalism, sexuality, and public culture [M]. Durham, NC: Duke University Press, 2007: 2; Yu, H. Philanthropy on the move: Mobile communication and neoliberal citizenship in China [J]. Communication and the Public, 2017, 2 (1): 44.

④ Zhang, L., and Ong, A. Privatizing China: Socialism from Afar [M]. Ithaca, NY: Cornell University Press, 2008: 3.

⑤ Dyer-Witheford, N., and de Peuter, G. Games of empire: Global capitalism and video games [M]. Minneapolis, MN: University of Minnesota Press, 2009: xxix-xxx.

⑥ Dooghan, D. Digital conquerors: Minecraft and the apologetics of neoliberalism [J]. Games and Culture, 2019, 14 (1): 67-86.

像，在游戏世界中，人们可以重新审视新自由主义政策，确保其是可行的、必要的和符合个人利益的。另有学者以《星战前夜》（*EVE Online*）为例，研究选手在游戏内外的行为交互，以展示当代的新自由主义环境是如何反映游戏的，以及游戏又是如何反映当代新自由主义世界的。①

我们可以说，新自由主义与电子竞技的关系，并非单向的，而是在内部紧密相连的。越来越多学者采用这种方法来探究新自由主义与游戏间的联系，以及新自由主义价值观（包括个人主义、自由、选择、竞争、精英统治、自我控制、自我负责和自我监督）是如何体现在不同游戏中的。同样，新自由主义化的游戏也致力于“引导”玩家在电竞游戏外的行为，使其在现实世界中成为“有进取心的人”。②

（二）相关背景与研究方法

中国第一个电竞赛事发生在1999年，是非官方的《星际争霸》比赛，这标志着中国电竞正式起步。虽然起步较晚，但中国的电竞市场就像一台高速运转的引擎，发展极快。电竞产业不仅对数字经济做出了重大贡献，还有助于民族主义和软实力的提升，因此中国政府目前对电竞产业的发展持鼓励态度。③ 尽管中国在数字经济和电竞市场这一新竞争环境中的起步较晚，但由于采取以国家为中心的经济发展方式，中国在这一领域正经历着从制造型国家到创新型国家的极速转变。在这个意义上，可以说政府是中国电竞产业发展的重要推动力。2016年，中央各部委宣布了电子竞技各

---

① Johnson, M. R., and Mejia, R. Making science fiction real: Neoliberalism, real-life and esports in EVE online ［J］. Journal for Virtual Worlds Research, 2018, 10 (3).

② Francombe, J. “I cheer, you cheer, we cheer”: Physical technologies and the normalized body ［J］. Television & New Media. 2010, 11 (5): 350; Oliva, M., Pérez-Latorre, Ó., and Besalú, R. “Choose, collect, manage, win!”: Neoliberalism, enterprising culture and risk society in video game covers ［J］. Convergence, 2018, 24 (6): 607.

③ Yu, H. Beyond e-commerce: The social case of China's digital economy ［J］. China Perspectives, 2017, 4: 3-8. Yu, H. Game on: The rise of the eSports middle kingdom ［J］. Media Industries Journal, 2018, 5 (1): 88-105.

项相关政策，为电竞产业的进一步发展打下了基础。① 这也是在中国特定的社会背景下，电竞行业的外部政策和规则为中国电竞营造了一定的有利环境。

就研究方法而言，本章主要采用民族志访谈的方法，以对中国电竞的蓬勃发展及其特殊背景进行研究。我们在上海、广州、苏州和成都进行了为期一年的实地调查（自 2018 年 7 月 1 日至 2019 年 7 月 1 日），采用主观抽样法对中国 15 家顶级电子竞技俱乐部进行调查，采用滚雪球抽样法对业内各类从业人员，如职业玩家、教练、经理和解说员等进行了 35 次深度访谈。所有受访者均为匿名，我们在调查过程中采集到的数据均获得受访者的允许而使用。

二　自我企业化规约的激励方式：精英话语与精英制度

不同于休闲类电子游戏，电竞特有的竞争性使得中国电竞运动员更追求胜利和精英主义话语。精英意识长期存在于中国儒家文化中，直至今日也影响政府政策的出台与实施。② 在当下的中国，精英意识已成为新自由主义的核心价值观之一，以机会均等为核心来促进竞争，并且成为中国电竞行业的流行话语。③ 电竞行业关于精英主义话语的论述尤为突出，这些论述甚至已成为中国职业电竞玩家自我规约的“教条”。在中国，由于电竞行业从业者受社会污名化和大众负面舆论的影响，他们极需要通过精英

① Dai, Y. A brief history of esports [M]. Shanghai, CN: Shanghai Renmin Press, 2019.

② Fan, R. Confucian meritocracy for contemporary China [C]. in Bell, D., and Li, C. (eds.), The east asian challenge for democracy: Political meritocracy in comparative perspective. Cambridge: Cambridge University Press, 2013: 88-115.

③ Littler, J. Meritocracy as plutocracy: The marketising of "equality" under neoliberalism [J]. New Formations, 2013, 80 (1): 52-72; Oliva, M., Pérez-Latorre, Ó. and Besalú, R. "Choose, collect, manage, win!": Neoliberalism, enterprising culture and risk society in video game covers [J]. Convergence, 2018, 24 (6): 607.

制度来证明并激励自己。[①] 因此，中国电竞从业者和研究者均强调电竞的竞争性与精英性，而弱化其游戏性，以此克服电竞的负面声誉与社会污名，进而寻求自我合法化和自我价值。[②] 更重要的是，行业管理者还会利用精英话语来评价、规范和管理从业者，而精英话语也通过自我评价、自我调节和自我管理被从业者内部转化。

大多受访者表示，他们的职业道路并不平坦，由于过去被视为“游戏成瘾”，多年来他们一直笼罩在“问题青少年”的阴云中。电子竞技为电子游戏提供了职业化道路，为“沉迷游戏的玩家”提供了成为职业选手的机会。一位选手说：

> 我通过台球说服我爸，20 年前台球是一种“流氓运动”，但现在它已经变成了一种高端运动。同样，电子竞技在未来也可能是一种高端的社会活动，站在新的文化高度被主流社会接受。说服我爸以后，我便开始了我的电子竞技生涯。

一旦电子竞技职业化，电竞选手便可通过精英主义洗去过往污名，进一步实现自身的合法化。大多数受访者强调电子竞技的专业性和竞争性，而在精英主义话语体系中，这种竞争性意味着选手只有通过天赋和努力才能获得成功，“无论我们出生时的社会地位如何，社会都应该为人才的社会地位上升提供便利”[③]。正如另一位受访者所说：

---

① Śliwa, M., and Johansson, M. The discourse of meritocracy contested/reproduced: Foreign women academics in UK business schools [J]. Organizatio 2014, 21 (6): 821-843; Zheng, R. Precarity is a feminist issue: Gender and contingent labor in the academy [J]. Hypatia, 2018, 33 (2): 235-255.

② Dai, Y. A brief history of esports [M]. Shanghai, CN: Shanghai Renmin Press, 2019; Jonasson, K., and Thiborg, J. Electronic sport and its impact on future sport [J]. Sport in Society, 2010, 13 (2): 287-299.

③ Littler, J. Meritocracy as plutocracy: The marketising of "equality" under neoliberalism [J]. New Formations, 2013, 80 (1): 52.

> 选手间的比拼是在公平公正的环境下进行的；电子竞技是精神层面上的智力和能力的比拼。物竞天择，适者生存。能留下的一定是有能力的人。

另一位受访者进一步解释了精英主义话语的竞争性是如何带来价值感的："在游戏中，我有一种优越感。我可以击垮所有人，我很强大。我打败了你，赢得了冠军，便获得了荣誉。"一些受访者甚至认为，追求冠军不仅是出于自我价值，还是出于集体荣誉。一位曾是电竞选手、现在是教练的受访者认为：

> 我们培养一种不断拼搏的职业精神，在赛场上，破釜沉舟，不是你死就是我亡。如果得不到冠军，你的一切努力将失去意义。

此外，电子竞技的职业化也为电竞运动员带来了收入回报，这使得电竞逐步成为一个合法行业与职业。正如一位受访者所说：

> 我曾经为打电子游戏感到内疚，因为游戏意味着玩物丧志。但它现在已成为我的职业，我能从中获得收入与尊严。

然而，由于普通选手的薪水很低而比赛的奖金很高，因此选手必须专注于比赛。正如上文受访者所说："电子竞技有着巨大的回报，成功则应有尽有，失败则一无所有。"实际上，新自由主义话语作为一种治理模式，其运作方式便"是基于利益、欲望和抱负，而非权利和义务；它并不直接将身体标识为主权权力，甚至不将行动限为惩戒，而是根据情况行事"①。

更重要的是，这种精英主义话语已经超越了个人利益，与国家荣誉联

---

① Read, J. A genealogy homo-economicus: Neoliberalism and the production of subjectivity [J]. Foucault Studies, 2009, 6: 29.

系在一起。当然，不止电子竞技，其他体育竞技均有这一特点，只不过该特点对于中国电子竞技而言尤为突出。这是因为中国政府在过去长期轻视电子游戏，并认为其是损害健康的互联网文化，中国电竞运动员希望通过为国家赢得荣誉这一方式获得官方的认可，从而获得行业的合法化。自2003年成为中国正式体育项目以来，电子竞技已经成为一个“展示中华民族和中国软实力”的平台。① 因此，电竞冠军一跃成为爱国人士的象征，这激励更多的年轻选手“全身心地投入建设中国梦的过程中”②。这个“中国梦”根植于每位电竞选手心中，他们在采访时经常使用“梦”这个词。几乎每个受访者都提到了Sky在新加坡赢得WCG冠军后举起五星红旗的那一幕。一位受访者说：

> 一开始可能是为了好玩，然后是为了比赛，最后是为了梦想和国家荣誉。虽然我已经退役，但我现在在队伍中担任经理，我可以帮助更多年轻选手实现他们的梦想。我们想让世界知道我们是王者之师；我们想向世界展示我们的王者风范。在全球比赛上举起五星红旗既是我们的目标，也是我们的荣耀。

因此，电竞俱乐部的老板和经理们经常会用精英主义话语来激励运动员。上文中的受访者对此做了进一步解释：

> 我们通常有两种方法来激励选手并保持他们的积极性。一是激起他们对夺冠的渴望，二是树立如Sky这样的榜样。有了渴望和榜样，他们就能实现自我管理、自我调节与自我激励，知道需要为自己和国家做些什么。

---

① Yu, H. Game on: The rise of the eSports middle kingdom [J]. Media Industries Journal, 2018, 5 (1): 93.

② Yu, H. Game on: The rise of the eSports middle kingdom [J]. Media Industries Journal, 2018, 5 (1): 93.

这种激励模式意味着，在精英主义话语运作的过程中，个人成就与国家荣誉之间产生了联系。[①] 因此，电竞的精英话语不仅被从业人员（包括运动员与俱乐部的管理者）用作一种产业话语，还被国家用来定义电子竞技，因为国家认为电子竞技能够提升软实力，并助力中国成为全球强国，是“现代化进程中不可避免的一个阶段”[②]。因此，中国的自我企业化主体对国家认可度很高，他们依靠和贡献国家综合实力，并且关心民族复兴，拥有家国天下的情怀。[③]

在某种程度上，精英主义话语已经逐渐被电竞行业接受，成为电竞职业玩家自我规约和自我激励的重要方式，从而规约主体与电竞选手的行为，在更广阔的语境中实现新自由主义公民主体化。[④] 精英话语甚至可能影响人的一生，正如一位受访者所说：“精英制度已经成为我的人生信条。我总是拼尽全力做到最好，不希望自己与团队落后。”

三　自我企业化规约的行业现状：不稳定性带来的行业不平衡与畸形

虽然拥有精英主义的话语和制度，但电竞行业仍面临不稳定的局面。除了极少数的明星选手，大多数电竞运动员的工作和生活条件非常不稳

① Francombe, J. “I cheer, you cheer, we cheer”: Physical technologies and the normalized body [J]. Television & New Media, 2010, 11 (5): 350-366; Livingstone, S. On the material and the symbolic: Silverstone's double articulation of research traditions in new media studies [J]. New Media & Society, 2007, 9 (1): 16-24.

② Pun, B., Yin, Y., and Fung, A. Esports gamers in China: Career, lifestyle and public discourse among professional league of legends competitors [C]. in Penix-Tadsen, P. (ed.), Video Games and the Global South, Pittsburgh, PA: Carnegie Mellon University ETC Press, 2019: 183.

③ Hoffman, L. Autonomous choices and patriotic professionalism: On governmentality in late socialist China [J]. Economy and Society, 2006, 35 (4): 566.

④ Hamann, T. Neoliberalism, governmentality, and ethics [J]. Foucault Studies, 2009, 6: 37-59.

定，这符合学术界广泛使用的“不稳定”（precarity）概念。① 不稳定是指在工作与生活条件中，生存、财务和社会等因素向不确定、脆弱和不安全的方向转变，这也是许多电竞运动员目前的处境。② 接下来，我们将探讨大多数电竞运动员的不稳定性是如何通过自我屈服和自我赋权这一互相矛盾的辩证关系来发挥作用的。

虽然中国电竞玩家的基数很大，但由于电竞的专业性与竞争性，只有极少数专业运动员能站在这个领域的顶点。因此，电子竞技其实只能成为极少数人的职业。一位来自顶级电竞俱乐部的高级经理向我们解释：“我需要拥有敏锐的嗅觉才能准确判断谁是正确的选择。我只能吸纳真正有天赋的选手加入战队，这样才能去争夺冠军。”来自另一家俱乐部的经理告诉我们，成为一名职业电竞运动员比常人想象的要困难得多，选拔过程可能比高考还要残酷。因此，大多数选手在接受采访时提到“炮灰”一词，并不断向我们强调“一个人的成功意味着成千上万人的失败”。从这个角度讲，选择电子竞技作为一种职业也就意味着从一开始便选择了一条不确定的、脆弱的和不具安全感的职业之路。不稳定性已经成为中国电竞运动员的结构性条件。③ 然而，有些选手在面对这一事实时，依然希望向外界

---

① Peuter, C. Creative economy and labor precarity: A contested convergence [J]. Journal of Communication Inquiry, 2011, 35 (4): 417-425; Gill, R., and Pratt, A. In the social factory?: Immaterial labour, precariousness, and cultural work [J]. In Theory, Culture and Society, 2008, 25 (7-8): 1-30; Hardt, M., and Negri, A. Commonwealth [M]. Cambridge, MA: Belknap, 2009; Wuggenig, U., Raunig, G., and Ray, G. Critique of creativity: Precarity, subjectivity and resistance in the "creative industries" [M]. London: MayFlyBooks, 2011.

② Casas-Cortés, M. A genealogy of precarity: A toolbox for rearticulating fragmented social realities in and out of the workplace [J]. Rethinking Marxism, 2014, 26 (2): 206-226; Hardt, M., and Negri, A. Commonwealth [M]. Cambridge, MA: Belknap, 2009; Standing, G. The precariat: The new dangerous class [M]. London: Bloomsbury, 2011; Vosko, L. F. Managing the margins: Gender, citizenship and the international regulation of precarious employment [M]. New York: Oxford University Press, 2010; Woodman, D. Life out of synch: How new patterns of further education and the rise of precarious employment are reshaping young people's relationships [J]. Sociology, 2012, 46 (6): 1074-1090.

③ Berlant, L. Cruel optimism [M]. Durham, NC: Duke University Press, 2011: 192.

证明自己的职业选择是正确的。正如一名选手所说："你知道这一事实，你也知道你可能不会成功，但你必须说服自己，认可自己是一位有天赋的、幸运的人，只有这样才能在职业道路上越走越远。"

中国电竞产业发展迅速，但其发展速度大大超过预期，因此普通的监管方式很难奏效。这种不稳定的、过快发展的行业状况影响了选手职业生涯的保障，其内容包括入职协议、合同条款、有保障的薪水以及不被任意解雇等。[①] 不稳定性所带来的"权力不对称"问题反映在企业内部资本与劳动的关系中[②]，而这在电子竞技领域尤为突出[③]。在田野调查中，学术界定义的不稳定性所具备的许多特点在电竞行业都能得到体现，例如，缺乏安全感、收入不稳定、缺少有计划的工作[④]；高度不安全、低工资、监管保护薄弱[⑤]；基础保障缺失或不连续[⑥]；工作与娱乐的界限模糊，害怕被替代[⑦]；缺乏固定的工作和向上流动的机会[⑧]；缺乏职业认同感和集体声音[⑨]；等等。

一位受访者向我们分享了他的职业历程，他说："我们并不特别关心合同、工资、保险和其他工作、生活条件，也不纠结。我们关心的只有奖杯。"在这种不稳定的条件下，电竞选手们通常每天训练超过 12 小时，这是非常艰苦的。这位受访者说："除了睡觉、吃饭和上厕所，我们一直在

---

① Funk, D. C., Pizzo, A. D., and Baker, B. J. ESport management: Embracing eSport education and research opportunities [J]. Sport Management Review, 2018, 21 (1): 7-13.

② Thompson, P., Parker, R., and Cox, S. Interrogating creative theory and creative work: Inside the games studio [J]. Sociology, 2016, 50 (2): 7.

③ Funk, D. C., Pizzo, A. D., and Baker, B. J. ESport management: Embracing eSport education and research opportunities [J]. Sport Management Review, 2018, 21 (1): 7-13.

④ Hardt, M., and Negri, A. Commonwealth [M]. Cambridge, MA: Belknap, 2009.

⑤ Vosko, L. F. Managing the margins: Gender, citizenship and the international regulation of precarious employment [M]. New York: Oxford University Press, 2010.

⑥ McDowell, L., and Christopherson, S. Transforming work: New forms of employment and their regulation [J]. Cambridge Journal of Regions, Economy & Society, 2009, 2: 335-342.

⑦ McRobbie, A. Be creative: Making a living in the new culture industries [M]. Cambridge: Polity Press, 2016.

⑧ Berlant, L. Cruel optimism [M]. Durham, NC: Duke University Press, 2011.

⑨ Standing, G. The precariat: The new dangerous class [M]. London: Bloomsbury, 2011.

一起练习。即使没有训练，我自己也会继续练习，甚至做梦也梦到在练习。”已有研究表明，西方人为了享受游戏而玩游戏①，这被视为后福特主义者“拒绝工作”的一种方式②，同时也是一个自我实现的机会③。然而，玩游戏对于中国的电竞选手来说，意义似乎大不相同。多数受访者表示，成为电竞选手后，原先令人快乐的游戏过程转变为枯燥乏味甚至难以忍受的训练，由于全身心投入训练中，疲惫不堪的他们难以进行其他的娱乐活动。

不稳定性不仅存在于具体的物质现实世界④、工作环境与具体实践中，还存在于日常生活的“情感氛围”⑤ 中。在这种情况下，电竞运动员甚至不允许恋爱，因为这会分散他们的注意力从而影响后续的训练与比赛。因此，不稳定性不仅体现在他们的工作，还体现在他们的个人生活，从而对“生活的所有方面”产生影响。⑥ 在这样的氛围中，选手们通常会承受巨大的心理压力。大多数受访者表示，他们虽然承受压力，但无法寻求任何专业帮助。

虽然有一部分有实力且够幸运的选手能在电竞行业中生存下去，但对于普通选手而言，该职业的薪水实在过低。一位选手认为，电竞行业是不公平的、畸形的、扭曲的。顶级选手的年收入可能高达数千万元，而大多数普通选手的月收入仅为 5000 元人民币左右，过低的收入无法吸引选手长

---

① Funk, D. C., Pizzo, A. D., and Baker, B. J. ESport management: Embracing eSport education and research opportunities [J]. Sport Management Review, 2018, 21 (1): 7-13; Kirkpatrick, G. Computer games and the social imaginary [M]. Cambridge: Polity, 2013.

② Hardt, M., and Negri, A. Empire [M]. Cambridge, MA: Harvard University Press, 2001: 204.

③ Dyer-Witheford, N., and de Peuter, G. Games of empire: Global capitalism and video games [M]. Minneapolis, MN: University of Minnesota Press, 2009; Seo, Y. Professionalized consumption and identity transformations in the field of eSports [J]. Journal of Business Research, 2016, 69 (1): 264-272.

④ Arvidsson, A., Malossi, G., and Naro, S. Passionate work? Labour conditions in the Milan fashion industry [J]. Journal for Cultural Research, 2010, 14: 297.

⑤ Berlant, L. Cruel optimism [M]. Durham, NC: Duke University Press, 2011: 192.

⑥ Lodovici, M., and Semenza, R. (eds.) Precarious work and young highly skilled workers in europe: Risk transitions and missing policies [M]. Milano: Angeli, 2012: 14.

期坚持这份工作，更不能帮助选手提高自身社会地位。正如上文受访者所说，对电子竞技的爱是他们唯一的动力，这让他们觉得选择电竞作为自己的职业是有意义且有价值的。而事实上，新自由主义的劳动人员需要“爱”和“做你想做”（Do-What-You-Love）的职业伦理，来迫使自我成为一名“工作狂”，从而说服自我完成工作，“从自我选择到自我实现，这是一个赋予生命意义的过程”①。

四　自我企业化规约的代价：短暂的职业生涯和易被弃的未来

无论是明星选手还是普通选手都害怕被取代。电竞行业是一个属于年轻人的新兴产业，在这里，总会有更新的、更年轻的职业选手出现，争夺有限的出场名额。② 从这一角度来看，电竞运动员甚至是一个一次性的职业。若说不稳定性考虑的是各种不确定因素对选手的负面影响，那么易弃性（disposability）意味着电竞选手的职业生涯是不被保护且缺乏保障的。

易弃性意味着只有部分人能在自己的职业生涯中闯出一片天地，绝大多数的电竞选手注定默默无闻。受访者在采访过程中反复强调，“没有拿到冠军，你就失去价值”“没有拿到冠军，你就是无名小卒”“没有拿到冠军，你就没有荣誉”。在如此强大的竞争之下，绝大多数人明白，只有极少数人能赢得冠军，其余的人是“炮灰”。因此在采访过程中，选手们对自己未来的担忧与恐惧是显而易见的。当被问及“未来计划”时，选手们

① Gill, R., and Pratt, A. In the social factory?: Immaterial labour, precariousness, and cultural Work [J]. In Theory, Culture and Society, 2008, 25 (7-8): 15; Sandoval, M. From passionate labour to compassionate work: Cultural co-ops, do what you love and social change [J]. European Journal of Cultural Studies, 2018, 21 (2): 113; de Peuter, G. and Dyer-Witheford, N. A playful multitude? Mobilising and counter-mobilising immaterial game labour [J]. Fibreculture, 2006, 5; Miller, P., and Rose, N. Governing the present: Administering economic, personal and social life [M]. Cambridge: Polity Press, 2008.

② Funk, D. C., Pizzo, A. D., and Baker, B. J. ESport management: Embracing eSport education and research opportunities [J]. Sport Management Review, 2018, 21 (1): 7-13.

往往沉默寡言、表现出尴尬甚至阴沉的表情，他们会选择转移话题，表示他们不考虑未来，只专注于当下的训练和比赛。这个问题似乎被所有的选手刻意回避了，但它始终存在，像一个“幽灵”，萦绕在他们的当下与未来。

虽然选手可以自我说服，但在现实中他们无法长期拥有这工作。电竞运动员的职业生涯很短，黄金工作年龄仅为16~22岁，这使得电竞运动员这一职业在业内被称为“青春饭”。年龄是决定运动技巧和反应时间的关键因素，而运动技巧和反应时间恰是一名顶尖电竞运动员需要具备的基本素养。正如一位受访者所说：

> 作为一名电竞选手，我很难准确说明我的职业生涯周期。职业和非职业之间的界限是模糊的，过渡期非常短暂。你可以说是一年、两年，甚至十年，或者从你第一次玩电子游戏算起。但事实上，对于顶尖的选手来说，职业生涯最多持续三四年。黄金时段甚至会更短，或许不到半年。

电竞比赛要求运动员拿出最好的状态，采用复杂而严格的操作进行高水准的竞技，这使得电竞运动员的培养过程能与战斗机飞行员相媲美，因为他们都需要具有极高的生理、心理和思想素质。[①] 因此，电竞运动员可能需要通过多年苦练才能在一两场比赛中表现亮眼，但他们难以长时间维持在最佳状态，因此他们的表现很快就会下降。一位受访者的个人经历表明，他的职业生涯持续了不到半年，但他学会了自我说服：

> 电竞运动员的职业生涯就是那么短暂。知道后依然选择它作为自己的职业，那又能怪谁呢？名人、明星、模特和运动员的职业生涯也

① van Hilvoorde, I., and Pot, N. Embodiment and fundamental motor skills in esports [J]. Sport, Ethics & Philosophy, 2016, 10 (1): 14-27; Witkowski, E. On the digital playing field: How we “do sport” with networked computer games [J]. Games and Culture, 2012, 7 (5): 349-374.

同样短暂。运动员甚至比我们更差，因为他们的训练过程很伤害身体。至少电竞不会伤害我们的身体。

从某种意义上来说，电竞从业者已成为一个标准的新自由主义主体，他们会主动承担起过去由政府和行业承担的责任，并将可能带来的失败完全归结为自己的选择（自我冒险、自主择业、自主投资时间和精力等）。[①]

电竞运动员选择这一职业的同时也意味着他们会失去很多机会。美国大多数电竞运动员是大学生[②]，但中国电竞运动员只有16%是大学生，大多数没有接受过高等教育[③]。由于中国电竞运动员的年龄往往在黄金年龄段，也就是16~22岁，并且需要他们全身心投入训练和比赛，这便与大学教育时间相冲突，因此他们不得不做出一定的牺牲。中国教育部宣布，高等职业学校将于2016年开设“电子竞技运动与管理”专业，为未来与退役的职业运动员提供电子竞技相关教育。大多数受访者虽对这一变化表示支持，但仍持保留意见。一家电子竞技俱乐部的高级经理向我们解释道：

这个政策的出发点当然是好的，因为它至少提供了一个文凭，能够解决一些问题。但问题依然存在，一方面，学校并不能满足比赛所需要的电子竞技训练需求；另一方面，当你退役后，你的职业生涯其实已经结束了，高校中的相关教育也就不需要了。

由于缺乏正规的学校教育，尤其是高等教育，中国电竞运动员在职业生涯结束后没有太多的选择。大多数受访者表示，他们很难在其他行业找

① Gurova, O., and Morozova, D. Creative precarity? Young fashion designers as entrepreneurs in Russia [J]. Cultural Studies, 2018, 32 (5): 704-726.

② Funk, D. C., Pizzo, A. D., and Baker, B. J. ESport management: Embracing eSport education and research opportunities [J]. Sport Management Review, 2018, 21 (1): 7-13.

③ 新职业——电子竞技员就业景气现状分析报告 [EB/OL]. [2019-11-01]. http: //www.mohrss.gov.cn/SYrlzyhshbzb/dongtaixinwen/buneiyaowen/201906/t20190628_321882.html.

到工作，也很难习惯其他行业截然不同的生活方式。因此，大多数人希望通过转型为行业内的角色从而继续留在这个行业，如从游戏直播到游戏评论员、从教练到管理层，但转型之路也并不容易。正如一位受访者所言：

> 首先，你需要运气足够好，有一个能为你提供资源的好公司，一个愿意为你提供资源的好老板。其次，你需要有综合能力，要想在这个行业生存下去仅靠游戏技术是不够的。第二点更难。从大环境看，一千个转型案例中只有一个是成功的。大多数人之所以失败，是因为在退休后他们缺乏留在这个行业所需的综合能力。

在电竞行业中，很少有选手能在另一个岗位上留存下来，即使留存下来，也会遇到新的不稳定问题。因此，虽然电竞行业的整体经济价值可能继续增长，但职业选手的日常生活和职业生涯却岌岌可危。[①]

五　本章小结

新兴的电竞行业已经成为当代中国社会不可分割的一部分，对于理解中国社会中的自我企业化尤为重要，也是一个研究当代人在工作与生活上积极进取的“田野”。本章将电竞运动员视为新自由主义语境下自我规约的模范主体，探讨电竞从业者，尤其是职业运动员的自我企业化过程，他们的规约往往以新自由主义为背景，以精英主义话语为基础和激励手段，但他们工作的不稳定，也导致他们在未来容易被抛弃。在这一转变过程中，我们可以看到，新自由主义文化中的“进取精神”对电竞运动员的自我企业化起着至关重要的作用，在这种精神的影响下，他们成为“新自由

① Johnson, M. R., and Woodcock, J. “It's like the gold rush”: The lives and careers of professional video game streamers on Twitch. tv [J]. Information, Communication & Society, 2019, 22 (3): 336-351.

主义劳动主体”，代表了“企业化个人的新自由主义模式”①。这种中国语境下对电竞选手的独特理解，或许会在其他语境甚至在全球语境中获得更广泛的应用，因为它展示了在新自由主义语境中电竞从业者的自我规约和调节，并体现了当下社会倡导不断进取的自我本体论地位。

电竞从业人员的自我企业化规约也是我们探讨中国电竞文化循环中“规则”的重要体现。在文化循环理论中，规则一般分为“外部的社会规范”和“内部的行为规则”，文化主体的表现为由外部规范和内部规则产生的约束行为。外部规范包括整个社会环境和国家政策，内部规则包括个体主动对行业规则的塑造和遵守，以及对自身职业发展的自我规约。中国电子竞技涉及的规则主要有三层，第一层是玩家和选手在进行竞技时需要遵守的游戏内容规则；第二层是电竞行业领域形成的内部管理规则和行业共同体共同遵守的规约；第三层则是更大的社会-国家行为者施加给电竞行业的外部规则。本章探讨的范围主要是第二层。此外，在中国特定语境下，电竞行业从业者的职业规划虽然有一部分是对社会传统规则的挑战，但更多的是对传统规则和话语的利用，甚至是主动“皈依”与靠拢。同时，中国电竞运动员在受到社会和职业规则限制的同时，还会对社会传统的职业规划发出部分挑战。

本章研究还可以为中国的电竞运动员和电竞产业发展提供一些启示。首先，电竞运动员在进行自我规约的时候需要打破对精英主义话语的错误认知，精英主义话语不仅误导运动员们自己承担不稳定性和易弃性的痛苦，还掩盖了电竞运动员与电竞行业的真正权力关系以及电竞行业对电竞运动员的剥削。若电竞运动员能够从中觉醒，并开始积极争取个人和集体

① Gurova, O., and Morozova, D. Creative precarity? Young fashion designers as entrepreneurs in Russia [J]. Cultural Studies, 2018, 32 (5): 719; Saddler, S. "Think differently, get creative": Producing precarity in India's corporate theater culture industry [J]. Research in Drama Education: The Journal of Applied Theatre and Performance, 2017, 22 (1): 22; Peters, M. Education, enterprise culture and the entrepreneurial self: A Foucauldian perspective [J]. Journal of Educational Inquiry, 2001, 2 (2): 58.

的权利，那么会产生多方面的积极影响。运动员们可以提高个人幸福感，挖掘自我照料的潜力，而不是像现在这样处于一个边缘化的、焦虑的、不稳定的和易弃的生活环境中。其次，电子竞技产业，尤其是电竞产业的主导者与管理者，需要承认与尊重电竞运动员，因为他们才是真正从事电子竞技活动的主体。如果电竞运动员身心不健康，那么电竞产业就不会欣欣向荣。在新自由主义语境下，电竞产业可能会盲目追求利润价值，但这种非良性的价值观会损害电竞运动员的个人尊严。而这种尊严是不能被剥夺的，它应当成为行业中的道德支柱，为电竞运动员不稳定与易被替代的未来提供支持。

第六章　中国电竞产业的平台化结构：以腾讯的伞状平台为例

近年来，中国越来越重视数字产业和文化创意产业的发展，投资与日俱增。为了推动中国成为全球数字领域的引领者，中国不断扩张数字平台和媒体中介，随着电子竞技运动在世界范围内的普及，电竞文化很快成为中国当代数字产业与“青年文化”的重要组成部分，政府也对于电竞产业给予了足够重视同时也给予相关政策倾斜。[①]

前五章我们从文化循环的角度，探讨了我国电竞产业的表征、认同、生产、消费、规则五个环节的特点，本章则以更结构化、更宏观的视野研究有关国家、电竞产业平台与其他专业部门之间的复杂关系。这种结构关系存在于电竞产业赖以生存的数字基础设施和平台环境中，而电竞产业的文化循环也是在这一平台结构基础之上发生、运作、相互渗透和相互作用的。因此，认识这种平台结构的构成和运作方式，有助于更好地理解中国电竞产业“文化循环”的动态过程。

本章将以我国电竞产业的引领者腾讯（Tencent）的平台化为个案，采用平台边界分析、政策分析、民族志访谈等方法，探究中国电竞产业的平台治理与平台经济，涵盖政府与腾讯在打造电竞产业基础设施平台中所扮演的不同角色，以及腾讯电竞和中国政府合作管理电竞平台化和基础设施

① Xu, H. P. The retrospective analysis of China e-sports club [J]. IERI Procedia, 2012, 2: 690-695; Yu, H. Game on: The rise of the eSports middle kingdom [J]. Media Industries Journal, 2018, 5 (1): 88-105.

的方式。本章始终遵循监管平台化和数字媒体的主线，以期对我国电竞产业、数字平台化以及政策法规之间的相互关系进行分析。

一　理论概念与研究方法

（一）基础设施平台化和平台基础设施化

电竞产业是一种数字产业。我们以腾讯电竞为例探究中国电竞的平台化结构，其本质就是探讨电竞作为一种数字媒体的周边环境，或者说数字基础设施（digital infrastructure）。[1] 数字媒体的周边环境或者说数字基础设施，是一种广泛使用的系统和服务，代表了公共利益，公共利益就意味着政府提供相应的监管并负责管理，而互联网巨头通过重组其业务活动或平台社区来实现平台边界的突破，进而实现平台的基础设施化。[2] 在当下，数字基础设施与数字平台需进行共同研究。基础设施研究建立在对信息科学研究的基础上，而平台研究同样包括媒体研究和信息科学研究。因此，两种研究都涉及数据驱动和技术支持的环境及多重背景，从而模糊了基础设施和平台这一对虽然相辅相成但又有所不同的概念。

一般认为，基础设施是在事件和行为的基础上运行的物质实体，在现实生活中，基础设施非常常见，比如铁路、高速公路、电力以及高速电子信息网络。[3] 不过这 概念后来演变为更广泛的三类基础设施，包括企业

① Plantin, J. C., et al. Infrastructure studies meet platform studies in the age of Google and Facebook [J]. New Media & Society, 2018, 20 (1): 293 - 310; Meyrowitz, J. Shifting worlds of strangers: Medium theory and changes in "them" versus "us." [J]. Sociological Inquiry, 1997, 67 (1): 59-71.

② Van Dijck, J., Poell, T., and De Waal, M. The platform society [M]. New York: Oxford University Press, 2018; Gillespie, T. The politics of platforms [J]. New Media & Society, 2010, 12 (3): 347 - 364; Nash, V., et al. Public policy in the platform society [J]. Policy & Internet, 2017, 9 (4): 368 - 373; Tiwana, A. Platform ecosystems: Aligning architecture, governance and strategy [M]. New York: Morgan Kaufmann, 2014.

③ Star, S. L. Infrastructure and ethnographic practice: Working on the fringes [J]. Scandinavian Journal of Information Systems, 2002, 14 (2).

信息、商业部门（如支持制造业供应链的基础设施）和普遍服务（如互联网），随着社会发展又囊括了信息和数据基础设施。[①] 其中信息基础设施是一种共享、开放、无限、异构并不断发展的社会技术系统（设施安装基础），包括信息技术、用户、操作以及设计社区；[②] 数据基础设施则是涉及数据创建、处理和分发的社会技术系统，托管包括手机应用和网站在内的各种平台。

平台这一概念在不同学科的定义有所不同。技术领域的学者将平台定义为连接人、信息和商品的数字中介，平台与计算机系统就画上了等号。[③] 在信息科学领域，平台通常被视为一种基于软件的系统结构或是一种在线市场，如有学者将它定义为基于软件系统的可扩展代码库，提供与之交互的模块所共享的核心功能以及两者进行交互操作的接口。[④] 而经济学家和商学家则从商业模式和资产的角度，将平台视为中介者的角色，在交易和商业运转中起到撮合的作用，或者将平台视为一种数字环境，充分降低环境中访问、再生产和分发的边际成本。[⑤] 在媒体和信息通信技术（ICTs）领域，关于平台的定义也从内容共享逐步扩展至社交媒体应用，比如有学者认为平台是能够让两个或多个群体进行互动的数字基础设施，包括广

---

① Hanseth, O., and Lyytinen, K. Theorizing about the design of information infrastructures: Design kernel theories and principles [J]. Sprouts: Working Papers on Information Environments, Systems and Organizations, 2004, 4 (4): 207-241.

② Hanseth, O., and Lyytinen, K. Theorizing about the design of information infrastructures: Design kernel theories and principles [J]. Sprouts: Working Papers on Information Environments, Systems and Organizations, 2004, 4 (4): 207-241.

③ Evans, D. S., and Schmalensee, R. Matchmakers: The new economics of multisided platforms [M]. Cambridge, MA: Harvard Business Review Press, 2016.

④ Tiwana, A., Konsynski, B., and Bush, A. A. Platform evolution: Coevolution of platform architecture, governance, and environmental dynamics [J]. Information Systems Research, 2010, 21: 675-687.

⑤ Evans, D. S., and Schmalensee, R. Matchmakers: The new economics of multisided platforms [M]. Cambridge, MA: Harvard Business Review Press, 2016; McAfee, M., and Brynjolfsson, E. Machine, platform, crowd: Harnessing our digital future [M]. New York: W. W. Norton, 2017.

告、产品、产业和云等。[①]

针对平台和基础设施而言，二者具有同构性，如它们在显性基础上的隐性结构，即两者均具有隐形、可扩展和广覆盖的特征。[②] 同时，两者也都在不断进化和发展，这有助于在理论层面理解数字媒体的扩张。[③]

Plantin 等的研究展示了平台化和基础设施之间的复杂关系，他们针对谷歌、Facebook 等企业进行了调查，研究开放式网络如何利用数字技术的力量，通过提供更便宜、更多样、更具竞争力的替代选项，进一步瓦解了现代基础设施的理念。[④] 这一瓦解过程就是所谓的基础设施平台化，这一过程推动了政府垄断基础设施时代的结束，也促进了财富和责任转向私营企业。与此同时，新兴的数字技术、竞争工具和服务也为平台基础设施化提供了保障。基础设施的平台化和平台的基础设施化对传统认知产生了冲击，即基础设施属于公共利益的范畴、由政府负责管理，而平台则属于企业的权力范围，政府和企业之间保持微妙的平衡。基于目前的发展状况，平台和基础设施两个概念虽互有区别但又相互构成，数字平台具有许多潜在特征，而这些特征意味着针对数字平台不应单独由平台研究或基础设施

---

① Helmond, A. The platformization of the web: Making web data platform ready [J]. Social Media + Society, 2015, 1 (2): 1- 11; Van Dijck, J. The culture of connectivity: A critical history of social media [M]. New York: Oxford University Press, 2013; Srnicek, N. Platform capitalism [M]. Cambridge: Polity Press, 2016.

② Plantin, J. C., et al. Infrastructure studies meet platform studies in the age of Google and Facebook [J]. New Media & Society, 2018, 20 (1): 293-310.

③ Apperley, T., and Parikka, J. Platform studies' epistemic threshold [J]. Games and Culture, 2018, 13 (4): 349 - 369; De Reuver, M., Sørensen, C., and Basole, R. C. The digital platform: A research agenda [J]. Journal of Information Technology, 2018, 33: 2; Nieborg, D. B., and Helmond, A. The political economy of Facebook's platformization in the mobile ecosystem: Facebook Messenger as a platform instance [J]. Media, Culture & Society, 2019, 41 (2): 196-218; Plantin, J. C., et al. Infrastructure studies meet platform studies in the age of Google and Facebook [J]. New Media & Society, 2018, 20 (1): 293 - 310; Tiwana, A. Platform ecosystems: Aligning architecture, governance and strategy [M]. New York: Morgan Kaufmann, 2014.

④ Plantin, J. C., et al. Infrastructure studies meet platform studies in the age of Google and Facebook [J]. New Media & Society, 2018, 20 (1): 293-310.

研究构成。[①]

在数字时代，由于通过先进的信息技术将资本密集型的基础设施平台化受到广泛关注并被大量应用，对数字时代的基础设施平台化进行研究就显得尤为重要，尤其是考察数字商业平台对现有基础设施的影响以及大型技术平台对平台和资本的依赖。此外，有关平台市场的经济和管理机制以及平台化过程的观点，在平台经济研究和相关的商业研究中也有体现。

（二）平台化：经济、监管及其关系

平台经济是基于租赁、停车和服务有关的交换市场及在线平台的各种经济活动的总称。平台在交易过程中或在交换过程中充当供给商和消费者之间的中介。与线下平台相比，线上平台具有更强的沟通即时性，对于商品交换有着更强的促进意义。[②] 交换过程主要涉及的是商品的使用权而非所有权，平台公司还与商业共享模式密切相关。[③] 平台经济的思想基础是市场、家庭与技术自由理念，平台借由市场参与者和市场创造者两个层面运作。[④]

商业研究领域的学者研究了平台运营方用来维持定价结构的策略。间接的网络效应会影响平台的多层面特征，参与者加入（或离开）平台的一侧会间接地影响平台另一侧参与者感知到的价值，同时平台市场的资金层面涵盖了补贴层面的成本。[⑤] 因此，用户驱动模式明显更优越，也被更多

① Nooren, P., et al. Should we regulate digital platforms? A new framework for evaluating policy options [J]. Policy & Internet, 2018, 10 (3): 264-301.

② McKee, D. The platform economy: Natural, neutral, consensual and efficient? [J]. Transnational Legal Theory. 2017.

③ Gansky, L. The mesh: Why the future of business is sharing [M]. New York: Penguin Random House, 2010.

④ McKee, D. The platform economy: Natural, neutral, consensual and efficient? [J]. Transnational Legal Theory. 2017.

⑤ Rochet, J. C., and Tirole, J. Platform competition in two-sided markets [J]. Journal of the European Economic Association, 2003, 1 (4): 990-1029; Evans, D. S., and Schmalensee, R. Matchmakers: The new economics of multisided platforms [M]. Cambridge, MA: Harvard Business Review Press, 2016.

的平台经济体制接纳。① 学者发现，用户使用 Facebook 虽然免费，可是企业依然能够通过流量点击费用或其他数字基础设施（如应用程序）获得收入。② 然而，政治经济学家却在很大程度上忽视了这种互补效应以及平台治理与基础设施之间的相关问题。③

关于平台权力与国家法律法规之间的关系研究，学界主要有两大思想流派。一种流派认为像 Google 和 Facebook 等数字平台拥有独立性，从而对平台的资本积累、企业集中度以及权力分配的结果进行批判。④ 而且，一些数字平台也倾向于将自己定义为技术公司而非媒体公司，这种倾向使得数字平台的文化属性不断弱化。⑤ 另一种流派认为虽然国家对于媒体的控制逐渐式微，只是通过提供监管框架来维持、协调和促进媒体发展，但国家仍是政策主导者。这一流派的研究者主要研究了欧洲和美国数字平台的区别，认为美国政府的监管范围较欧洲更窄，但灵活性也更强。⑥ 这两种流派观点冲突的原因，不仅在于对政府干预和行业自治的倾向不同、可能引起的监管混乱和潜在冲突的看法不同，而且与商业研究者、政治经济学

① Srnicek, N. Platform capitalism [M]. Cambridge: Polity Press, 2016.

② Nieborg, D. B., and Poell, T. The platformization of cultural production: Theorizing the contingent cultural commodity [J]. New Media & Society, 2018, 20 (11): 4275 - 4292; Tiwana, A. Platform ecosystems: Aligning architecture, governance and strategy [M]. New York: Morgan Kaufmann, 2014.

③ Nieborg, D. B., and Poell, T. The platformization of cultural production: Theorizing the contingent cultural commodity [J]. New Media & Society, 2018, 20 (11): 4275-4292.

④ Moore, M., and Tambini, D. (eds.) Digital dominance: The power of Google, Amazon, Facebook and Apple [M]. New York: Oxford University Press, 2018; Srnicek, N. Platform capitalism [M]. Cambridge: Polity Press, 2016.

⑤ Napoli, P. M., and Caplan, R. Why media companies insist they're not media companies, why they are wrong and why it matters [J]. First Monday [online], 2017, 22 (5). Available from: https://firstmonday.org/ojs/index.php/fm/article/view/7051/6124 [Accessed 13 June 2018].

⑥ Moore, M., and Tambini, D. (eds.) Digital dominance: The power of Google, Amazon, Facebook and Apple [M]. New York: Oxford University Press, 2018.

家和媒体学者之间缺乏跨学科对话有关。① 因此，这两种流派的观点都需进一步检验，用户的宏观认知以及参与数字平台受到环境限制的程度也需要进一步检验。

（三）中国的数字平台和电子竞技实践

针对中国数字平台的研究，有学者指出中国的数字媒体所有权集中度较高，普遍集中于主要的数字平台，同时多元化市场演变的现象较高。②政治经济学家和社会文化学者对中国数字平台化中的各个方面进行了广泛调查，如用户监管实践、数字架构、平台承受能力、市场结构和平台文化等。③ 同时对中国社交媒体的基础设施和平台（如微信）、视频流媒体平台（如爱奇艺）、电子商务平台和基础设施（如阿里巴巴）、数字交通平台（如滴滴）以及食品配送平台（如美团）进行了调查。这部分学者想要了解平台市场内在的垄断倾向对中国究竟意味着什么，以及中国对学界理解平台社会的结构意味着什么。

关于中国数字平台和基础设施的研究观点主要有两种。第一种观点认为，中国数字平台的快速发展是中国利用了互联网的可编程性、适应性和

---

① Barwise, P., and Watkins, L. The evolution of digital dominance: How and why we got to GAFA [C]. in M. Moore, and D. Tambini (eds.), Digital dominance: The power of Google, Amazon, Facebook and Apple. Oxford: Oxford University Press, 2018: 21-50; Nooren, P., et al. Should we regulate digital platforms? A new framework for evaluating policy options [J]. Policy & Internet, 2018, 10 (3): 264-301; Nieborg, D. B., and Poell, T. The platformization of cultural production: Theorizing the contingent cultural commodity [J]. New Media & Society, 2018, 20 (11): 4275-4292.

② Nieborg, D. B., and Poell, T. The platformization of cultural production: Theorizing the contingent cultural commodity [J]. New Media & Society, 2018, 20 (11): 4279.

③ Woetzel, J., et al. China's digital economy: A leading global force [EB/OL]. 2017. Available from: https://www.mckinsey.com/featured-insights/china/chinas-digital-economy-a-leading-global-force; Hong, Y., and Goodnight, G. T. How to think about cyber sovereignty: The case of China [J]. Chinese Journal of Communication, 2019, 13 (1): 8-26; Zhang, L. When platform capitalism meets petty capitalism in China: Alibaba and an integrated approach to platformization [J]. International Journal of Communication, 2020, 14: 114-134.

模块化的自然结果，总体上参照了西方平台经济的发展模式。[①] 第二种观点认为，数字平台是国家权力的有效体现和机制构建，是由技术民族主义倾向的媒体法律法规和互联网引导促成的。[②] 第二种观点认为中国的数字平台发展体现了一种双焦点的理论模型，即平台是基础设施，基础设施亦是平台。有学者用这一理论来研究腾讯开发的微信并探讨其作为基础设施的极速扩张和社会政治影响，成功构建了平台基础设施化模型以及中国互联网治理的技术民族主义模式。这部分学者认为，中国数字平台的发展模式既不是具有中国特色的平台自由发展，也不是中国政府对数字媒体的完全控制。[③] 同时，他们也表达了对国家通过媒体法律法规影响数字平台治理可能带来的后果的担忧。[④]

在中国数字平台基础设施化、政府治理互联网采取技术民族主义的发展背景下，研究中国电子竞技的数字基础设施环境，就需要全方位地理解平台公司的运作结构和政府对于电子竞技平台的监管策略。本章运用第四章采用过的行动者-网络理论（ANT）的观点，将电竞玩家和硬件设备、平台公司及多种技术之间的网络视作一个空间，该空间由参与者之间的互动及其表现决定，而不是任何人类或非人类、社会和技术等

① Woetzel, J., et al. China's digital economy: A leading global force [EB/OL]. 2017. Available from: https://www.mckinsey.com/featured-insights/china/chinas-digital-economy-a-leading-global-force.

② Qiu, J. L. Chinese techno-nationalism and global WiFi policy [C]. in M. Curtin, and H. Shah (eds.), Reorienting global communication: Indian and Chinese media beyond orders. Urbana: University of Illinois Press, 2010: 284 - 304; Yelli, H. A three-perspective theory of cyber sovereignty [J]. PRISM, 2017, 7 (2): 108-115.

③ Plantin, J. C., and de Seta, G. WeChat as infrastructure: The techno-nationalist shaping of Chinese digital platforms [J]. Chinese Journal of Communication, 2019, (12) 3: 257-273.

④ Enli, G., et al. Media policy for private media in the age of digital platforms [J]. European Journal of Communication, 2019, 34 (4): 395-409; Flew, T., Iosifidis, P., and Steemers, J. (eds.) Global media and national policies: The return of the state [M]. Basingstoke: Palgrave Macmillan, 2016; Moore, M., and Tambini, D. (eds.) Digital dominance: The power of Google, Amazon, Facebook and Apple [M]. New York: Oxford University Press, 2018; Nooren, P., et al. Should we regulate digital platforms? A new framework for evaluating policy options [J]. Policy & Internet, 2018, 10 (3): 264-301.

元素的分裂。① 因此，电子竞技通过整合数字工具与服务，打破了重重阻碍，并以跨平台共享的方式产生商业价值。②

行动者-网络理论为理解科技驱动电竞产业和电竞基础设施升级提供了全新视角。2000~2016 年，中国的网吧数量从 4 万个激增至 15.2 万个，随着互联网的全面普及，电竞产业也发展迅猛。③ 这些网吧是中国电竞的基础，网吧配备了基础的技术设施，网吧兼具网络使用和社交属性，成为专业游戏设计师测试其设计原型的场所。④ 随着经济的不断发展，电子竞技的基础设施中心从网吧转移至体育场馆和视频/直播平台。⑤ 在技术创新的动态发展中，中国电竞平台的基础设施在受到改造的同时商业模式也得到了修正。

本章聚焦中国电竞产业最重要的两个平台基础设施提供者：腾讯电竞和政府。腾讯电竞通过投资电竞市场和相关产业来扩大其价值链，而政府是基础设施的建设者和垄断者。本章将帮助读者了解中国电竞是如何在以国家为中心的监管平台和数字经济的帮助下，随着专有数字生态系统的封闭与数字平台的扩张而崛起的。⑥ 国家与蓬勃发展的私营产业（如电竞产

---

① Witkowski, E. On the digital playing field: How we "do sport" with networked computer games [J] Games and Culture, 2012, 7 (5): 349-374.

② Helmond, A. The platformization of the web: Making web data platform ready [J]. Social Media+Society, 2015, 1 (2): 1- 11; Tomazic, T. The growth of covert advertising in the context of local self-government [J]. Lex Localis-Journal of Local Self-Government, 2016, 14 (4): 739-758.

③ Wei, L., and Wen, C. Internet cafés [C]. in A. Esarey, (ed.), The Internet in China: An encyclopaedic handbook of online business, information distribution, and social connectivity. Great Barrington, MA: Berkshire Publishing, 2015: 204-210.

④ Yu, H. Game on: The rise of the eSports middle kingdom [J]. Media Industries Journal, 2018, 5 (1): 88-105.

⑤ Shim, Y., and Shin, D. H. Analyzing China's fintech industry from the perspective of actor-network theory [J]. Telecommunications Policy, 2016, 40: 168-181.

⑥ Tomazic, T. The growth of covert advertising in the context of local self-government [J]. Lex Localis-Journal of Local Self-Government, 2016, 14 (4): 739-758; Yu, H. Game on: The rise of the eSports middle kingdom [J]. Media Industries Journal, 2018, 5 (1): 88-105; Xia, J. Competition and regulation in China's 3G/4G mobile communications industry institutions, governance, and telecom SOEs [J]. Telecommunications Policy, 2012, 36 (7): 503-521.

业）间的关系，是不可分割的、根植于中国自身的治理脉络中的。虽然市场其他参与者可以参与协商，但政府在这一层面的控制权和话语权是不言而喻的。本章提出了以下问题：腾讯电竞和政府在实施电竞产业平台化与基础设施方针时，扮演的角色分别是什么？它们是相互补充还是相互竞争的？它们与电竞产业的发展和电竞基础设施平台化的关系是怎样的？

（四）研究方法

本章将平台的兴起与政府对电竞的矛盾政策相结合进行研究。为此，我们采用了多种研究方法，包括针对平台文本的边界分析，针对政府政策、金融和投资数据的文本分析，以及为补充文本分析而进行的民族志访谈。数据收集和分析共分以下三个层面。

• 政策层面，以历年政策文件为基础进行调查，政策文件包括国家、地区和省级相关法规和政策。[①]

• 企业层面，主要是对游戏公司公开财务报表的文本分析（如腾讯投资数据），以及针对腾讯历史数据资源、数字财产的特征与其平台业务战略之间关系的边界分析。[②]

• 个人层面，主要是对 2018 年 6 月 1 日至 2019 年 7 月 31 日的民族志访谈获得的材料的分析。受访者共计 35 人，来自上海、成都、北京、广州和杭州的 16 家电竞俱乐部（OMG、D7G、AG、CL、DR、EDG、IR、WE、TOP、BLG、FPX、XIA、QG、eStar Pro、SNG 和 JDG），受访者的身份有电竞俱乐部老板、经理、教练和职业玩家——主要为年龄在 17~28 岁的男性，以及近五年已经退役的职业运动员。

以上三个层面的分析不仅可以将政府的官方声音与腾讯的平台文件和信息系统的数据进行比较和分析，从而考察政府和腾讯在管理电竞基础设

---

① Dai, Y. A brief history of esports [M]. Shanghai: Shanghai Renmin Press, 2019.

② Bodle, R. Regimes of sharing [J]. Information, Communication & Society, 2011, 14 (3): 320-337.

施平台方面的作用和关系，还可以探究其他利益相关者的声音，特别是其对电竞平台治理意义的看法和认识，以及腾讯电竞的平台是如何发展为中国电竞行业的主要力量的。

二 中国电竞的伞状结构

中国电竞在实现其基础设施平台化的过程中，呈现了一种“伞状”的结构：政府对电竞基础设施和平台的监管是这把伞的“伞布”，覆盖电竞产业的全面监管；而腾讯则是这把伞的“伞架”，其价值链和多层次平台支撑和驱动着这把伞的张合、决定着伞的坚固程度与稳健程度；其他的产业相关者则是被这把伞庇护的“伞下人”，它们对电竞产业平台的宏观结构不具有决定性的影响。伞状结构是理解我国电竞产业发展和行业构成的重要形式，因为其中包括了政府、平台企业、电竞俱乐部、媒体、教练、职业玩家等各种利益相关者，在它们的共同作用下，中国电竞产业成为全球最大的电竞“伞状平台”。

本节包含以下三个部分。首先，在国家对电竞基础设施平台化的监管采取直接控制的背景下，对国家与电竞平台的互动与权利联系进行分析；其次，通过研究中国电竞产业价值链的发展，探索电竞产业链是如何与平台化的基础设施和多层次平台的发展相适应的；最后，研究腾讯电竞平台基础设施的数字化特征和技术扩展。

（一）伞布：政府对基础设施平台化的监管

中国电竞产业受到政府各种政策的显著影响，电竞产业的生命周期和成长范围本质上都由政府政策决定，政府监管成为电竞数字平台和基础设施的“伞布”。政府六大部门针对电子竞技出台了一系列法规和政策，内容涉及游戏内容、游戏许可、电竞赛事、电竞教育、教练和运动员的职业保障等。从中国电竞产业 20 年来的曲折发展历程可以看出，政府政策作为笼罩着电竞产业的“伞布”，其对产业的内耗和阻碍并不比保护多，显然，政府监管电竞基础设施平台的“伞布”还不够精致和实用。

过去 20 年，政策对电竞传播的限制屡见不鲜。2003 年，《电子竞技世界》在中央电视台第五频道播出，然而同时，新闻出版总署和国家广播电影电视总局发布了网络游戏禁令，《电子竞技世界》节目也因此停播。受该禁令影响，此后电竞的传播范围仅限于互联网，导致电竞市场价值链的重大变化，中国电竞的传播模式与由电视转播游戏视频的韩国模式明显不同。在之后艰难的 12 年（2003~2015 年）中，中国电竞的发展历经曲折，并形成一个复杂的政策环境（见表 6-1），直到 2008 年，国家体育总局将电子竞技重新定义为第 78 个被正式认可的体育项目，中国电竞的发展迎来了相对良好的机遇。

表 6-1　2003~2015 年中国电竞产业重大事件概览

日期	事件
2003 年 11 月	电子竞技成为国家体育总局承认的第 99 个正式体育项目
2004 年 2 月	第一届中国电子竞技运动会在国家体育总局的支持下，由中国电子竞技联盟主办，华奥星空（www. sports. cn）赞助
2007 年 2 月	由于《魔兽世界》电竞运动员李晓峰（Sky）没有被选为体育界最有影响力的人物之一，中央电视台被网民指责“暗箱操作”
2007 年 10 月	电子竞技出现在第二届亚洲室内运动会上，这是电子竞技首次被纳入综合性国际体育赛事
2008 年	中国成都成功申办 2009 年 WCG 世界总决赛
2010 年 8 月	文化部禁止在未经官方许可的情况下推出游戏产品，同时对游戏内容进行限制
2012~2013 年	WCG 赛事在江苏昆山成功举办了两届
2013 年	由国家体育总局组织的 17 人电竞国家队，代表中国参加第四届亚洲室内和武道运动会
2013 年 1 月	中央电视台第五频道栏目《体育世界》制作并播出了一档名为《在追逐电竞梦想的道路上奔跑》的节目
2014 年	银川成为世界电子竞技大赛的永久主办城市，其广告在中央电视台第五频道播出

续表

日期	事件
2015年2月	《完美世界》宣布与华懿（北京）文化娱乐俱乐部有限公司建立战略合作关系，推出了国内第一个游戏节目，同时在中国20个省会城市频道的黄金时段播出

随着电竞在全球的普及和发展，2016年成为中国“电竞元年”，电竞取得较快发展，政府也表现出积极解决电竞产业内部问题的新意向。国家发改委联合公安部、文化部、教育部、国家体育总局、国家新闻出版广电总局等部委联合出台了四项政策措施：一是，支持引进数字技术；二是，推动电竞产业在虚拟现实技术、流媒体技术和移动游戏领域发展；三是，发起倡议组织国际和国内专业电子竞技赛事；四是，鼓励高校开设电子竞技专业课程。但是，2016年3月和5月国家新闻出版广电总局出台了两项法规，禁止游戏内容涉及颠覆国家政权与扰乱社会秩序等。受此约束，中国暂时无法进口游戏产品，尤其是那些被相关部门判定为不健康、颠覆政府的产品，如2018年《绝地求生：大逃杀》就因包含血腥画面而被禁止引进。因此，地方政府的鼓励政策也仅能服务于国内游戏产品。受这些媒体法律法规的影响，中央部委和地方政府政策的矛盾体现了政府对电竞产业不同层面的战略信号和仍然模棱两可的态度。①

本书通过对非政府利益相关者对电竞产业发展看法的研究，扩大了对政府监管电竞基础设施的研究范围。我们发现，政府监管电竞产业的政策和法规服务的是支持技术民族主义战略的电竞产业，而不是电竞产业本身及其从业者。

比如，我们田野中的电竞俱乐部就对相关政府的部分政策感到不理解，认为有些政策的出发点是提高政府政绩，而非产生政治效益。一些受访者解释了政府青睐电竞产业的原因，表示虽然政府建了许多电竞小镇

① Qiu, J. L. Chinese techno-nationalism and global WiFi policy [C]. in M. Curtin, and H. Shah (eds.), Reorienting global communication: Indian and Chinese media beyond orders. Urbana: University of Illinois Press, 2010: 284-304.

（如江苏太仓电竞小镇）以推动电竞行业的发展，但问题是这些举措并不能有效管理电竞行业并促进电竞行业的发展。“政府只是提供政策，吸引更多人投资这一行业，但其实并没有人真的想搬到这些小镇去住。很多电竞小镇几乎空无一人。”（吴先生，俱乐部 CEO 兼教练，20 岁）。重庆电竞城获得 14 亿元人民币的政策补助，期望以此吸引俱乐部和锦标赛入驻，但始终没能成功举办活动，原因便是“该镇没有任何便利设施”（Little P，俱乐部 CEO，22 岁）。其他利益相关者的回应也都类似。

以下两个评论更具代表性地表达了对政府监管地区电竞基础设施和平台化建设的评价：

> 西安是我知道的唯一一个为地方俱乐部提供福利政策的城市，包括减免税收和资金支持……其中最有影响力的区域政策是《曲江新区关于支持电竞游戏产业发展的若干政策》，包括给当地电竞俱乐部 1 亿元人民币的最高奖励。但是，得到这个奖励的确切标准还不清楚，我知道的俱乐部没有一家得过这个奖励。（猫，职业选手，17 岁）

> 政策实施以来，大量地方或地区性投资都流向了我们电竞产业，这些法规和政策作为资本输出者，只会帮助企业了解政府有怎样的倾向，这是一个政治信号！但也只是一个信号。（小毛，俱乐部 CEO 兼教练，20 岁）

这些利益相关者的评价似乎表明，中国电竞的相关法规政策是在国家的技术民族主义结构和平台治理脉络下形成的。① 尽管政府为达到产业协同效应所做的政治努力显而易见，但这些法规和政策对电竞产业发展起到

① Hookway, B. Interface [M]. Cambridge, MA: MIT Press, 2014; Plantin, J. C., et al. Infrastructure studies meet platform studies in the age of Google and Facebook [J]. New Media & Society, 2018, 20 (1): 293-310.

的作用却有限。由于电竞从业者对政策实践的看法偏消极，模棱两可的法规与政策会导致政府对行业受众的政治影响力下降。[①] 此外，关于电竞平台和政府之间在电竞产业管理层面所扮演的角色为何，以及各自对电竞基础设施的目标是相互支持、相互违背还是相互竞争等问题的解答，需要考虑电竞产业平台的政治经济性质。[②] 因此，探究政府和政策最大利益相关者腾讯之间的互动是很有必要的，两者间的互动由明显的技术民族主义媒体监管和日益公开透明的网络主权议程决定。[③]

（二）伞架：腾讯的价值链和多层次平台

过去数十年间，腾讯与政府不断展开合作，并进一步开发自己的平台。腾讯电竞作为电竞产业价值链和多层次平台成长的产业巨头，不仅推动了腾讯的资本模式，展现了腾讯在中国电竞平台的巨大经济实力和影响力，从中国电竞的伞状结构来看，腾讯电竞也成为支撑中国电竞产业的强有力的“伞架”。

首先，我们从电竞价值链的上游开始分析。腾讯是中国网络游戏内容的主要生产商，拥有强大而便利的商业基础设施，其热门游戏包括《英雄联盟》、《传说对决》、《穿越火线》和《绝地求生》等。政府对电竞行业的态度在2016年发生了积极的变化，因此2016年12月，腾讯审时度势成立了腾讯电竞，后者很快成为腾讯四大泛娱乐业务中最大的一个部门。为了完成平台化基础设施在国际上的资源整合，腾讯收购了大部分全球领先的游戏发行商和开发商（见表6-2）。[④] 例如，腾讯收购了美国前沿开发商

① Nieborg, D. B., and Poell, T. The platformization of cultural production: Theorizing the contingent cultural commodity [J]. New Media & Society, 2018, 20 (11): 4275-4292.

② Couldry, N., and Hepp, A. The mediated construction of reality [M]. Cambridge: Polity Press, 2017.

③ Plantin, J. C., and de Seta, G. WeChat as infrastructure: The techno-nationalist shaping of Chinese digital platforms [J]. Chinese Journal of Communication, 2019, 12 (3): 257-273.

④ Yu, H. Game on: The rise of the eSports middle kingdom [J]. Media Industries Journal, 2018, 5 (1): 88-105.

“拳头游戏”（Roit Games）100%的股份、美国公司“动视暴雪”电子竞技分部 10%的股份；2016 年，腾讯收购了芬兰的“Supercell”，其《部族冲突》是全球热门手机游戏。2010~2013 年四年中，在线电脑端游对腾讯年营收的贡献分别为 57.2%、71.3%、45.7%和 55.1%。而到了 2014~2017 年，手机游戏收入逐步成为腾讯的主要收入来源，分别占腾讯年营收的 55.6%、38.5%、34.9%和 28.4%。2017 年，腾讯网络游戏总收入接近 978.8 亿元人民币，其中 64.2%（628 亿元）来自手机游戏。腾讯已成长为全球最大的游戏公司，若据游戏收入判断，腾讯已控制了全球前十大公司收入的 1/3。①

表 6-2　2006~2018 年腾讯收购的游戏发行商和开发商统计

年份	收购目标	持股比例	价值	游戏
2006	GoPets（韩国）	16.9%	3281.3 万元	
2007	PvP（深圳）	100%	4529 亿元	
	Horizon 3D（北京）	63.9%	-	《QQ 炫舞》
	Vina Games（韩国）	30.2%	-	《泡泡堂》
2008	Outspark（美国）	-	1100 万美元	《世纪领主》
2010	游戏谷（北京）	68%	1.68 亿元	《七雄争霸》
	Eyedentity Games（韩国）	-	39.99 亿韩元	《龙之谷》
2011	Roit Games（美国）	100%	16.79 亿元	《英雄联盟》
	Epic Games（美国）	48.4%	20.87 亿元	《战争机器》
2013	动视暴雪（美国）	24.7%	14 亿美元	《使命召唤》等
	iDreamSky 游戏（深圳）	20.4%	1500 万美元	《神庙逃亡》等
2014	CJ Games（韩国）	28%	5000 万美元	《TBC》

① 艾瑞咨询：2018 中国移动游戏行业研究报告［EB/OL］.［2023-08-06］. http://www.pipaw.com/chanyepingxi/news_52271.html.

续表

年份	收购目标	持股比例	价值	游戏
2016	Paradox Interactive（瑞典）	5%	1.38 亿元	《骑马与砍杀》
	Supercell（芬兰）	-	90 亿美元	《部落冲突》
2017	西山居（珠海）	9.9%	1.43 亿美元	《剑网》等
2018	盛大游戏（上海）	-	30 亿元	《百万亚瑟王》
	蓝洞（韩国）	10%	5882 亿韩元	《绝地求生》
	育碧（法国）	5%	3.70 亿欧元	《彩虹六号》《刺客信条》《雨人》

其次，电子竞技价值链中游的核心是电竞赛事。“世界电子竞技大赛”（WCG）最能体现电竞赛事的重要性，是媒体、体育和参与者（观众和职业选手）的融合。[①] 腾讯非常重视具备这种融合能力的竞技游戏和赛事，因为这种融合能力代表了潜在的盈利能力，因而腾讯从根本上扩展了其平台化的基础设施。其一，腾讯成为游戏联盟（包括 KPL、KCC 和 KOC）的主要执行官，并运营多项重要比赛，如 LPL（《英雄联盟》职业联赛）和 LSPL（《英雄联盟》次级职业联赛）；其二，成立于 2010 年的腾讯电竞运动会（TGA）大奖赛涵盖了各种类型的游戏，使得组织性、运动性和交互性极高的数字技术在赛事中体现得淋漓尽致；其三，LPL 的顶级俱乐部均受腾讯赞助，腾讯希望帮助这些俱乐部常驻中国六个重要的一二线城市，以进一步推动建设腾讯的实体基础设施。

最后，流媒体直播是电竞价值链的下游之一。直播是推广游戏、扩大游戏影响力和吸引游戏观众和玩家的关键手段。[②] 2012～2018 年，腾讯积极布局国内电竞直播和转播平台，提升其商业化媒体支撑、改善其主要结

① Hutchins, B. Signs of meta-change in second modernity: The growth of e-sport and the World Cyber Games [J]. New Media & Society, 2008, 10 (6): 851-869.

② Johnson, M., and Woodcock, J. “It's like the gold rush”: The lives and careers of professional video game streamers on Twitch. tv [J]. Information, Communication & Society, 2019, 22 (3): 336-351.

构效应。在交互式数字技术革命过程中，数字技术的可用性、功能性与普及性不断得到扩展，使电竞行业的流量及转化率得以在广播平台实现。基于此，腾讯在2016年于国内部署了直播平台（见表6-3），推出了众多直播产品（见表6-4），建立了中国直播的产业链。2016年，腾讯成立了移动电竞品牌“企鹅电竞”；2018年，投资了斗鱼和虎牙这两个顶尖的直播平台。2018年上半年，LPL专业赛事直播累计收看高达70.9亿人次，观看总时长超过13.8亿小时。① 2018赛季中邀请赛决赛的观众人数超过S7总决赛；2017年，《王者荣耀》职业联赛（KPL）吸引了超过100亿人次浏览。② 2018年，LPL春季常规赛，日均观赛观众同比增长100%，达到3400万人次。③ 由此可见，腾讯的电竞直播既能很好地适应电竞受众不断增加的需求，又能体现游戏平台生产与消费的新互动。

表6-3　腾讯国内直播平台布局（2012~2018年）

<table>
<tr><th>年份</th><th>收购标的</th><th>持股比例</th><th>金额</th><th>融资轮次</th></tr>
<tr><td>2012</td><td rowspan="2">呱呱网</td><td rowspan="2">16.03%</td><td>7500万元（人民币）</td><td>A</td></tr>
<tr><td rowspan="2">2014</td><td>-</td><td>B</td></tr>
<tr><td rowspan="2">龙珠</td><td rowspan="2">20%</td><td>3亿元（人民币）</td><td>A</td></tr>
<tr><td>2015</td><td>2.78亿元（人民币）</td><td>B</td></tr>
<tr><td rowspan="3">2016</td><td>映客</td><td>0.90%</td><td>3.1亿元（人民币）</td><td>B</td></tr>
<tr><td rowspan="3">斗鱼</td><td rowspan="3">18.98%</td><td>1亿美元</td><td>B</td></tr>
<tr><td>15亿美元</td><td>C</td></tr>
<tr><td rowspan="2">2018</td><td>6.3亿美元</td><td>战略投资</td></tr>
<tr><td>虎牙</td><td>-</td><td>4.6亿元（人民币）</td><td>B</td></tr>
</table>

① 1800万奖金池！腾讯进入电竞深度布局年，影视之后巨头也开始整合电竞行业了［EB/OL］.［2023-09-25］. https：//game. sohu. com/a/695047500121687414.

② 《王者荣耀》KPL联赛全年观看破百亿这一年它做了什么？［EB/OL］.［2023-09-25］. https：//baijiahao. baidu. com/s?id=1588004562112098175&wfr=spider&for=pc.

③ 新文创，电竞黄金时代背后的文化逻辑［EB/OL］.［2023-09-25］. https：//baijiahao. baidu. com/s?id=1603321272412948888&wfr=spider&for=pc.

表 6-4 腾讯推出的直播产品

名称	定位
企鹅电竞官网	腾讯官方游戏直播平台
企鹅体育	体育赛事直播平台
Now 直播	国家级流媒体传播平台
腾讯视频	视频媒体
QQ 空间	社交直播媒体
花样直播	互动直播平台

（三）平台基础设施化的数字特性与技术扩展

为了理解腾讯电竞平台在快速发展过程中是如何与腾讯的数字结构协同工作的，我们借鉴了 Plantin 等开发的组合框架来分析腾讯电竞的数据资源和数字资产。通过该框架不仅可以明确腾讯是如何超越传统数字平台的，还能通过三个方面了解腾讯电竞的异质性：第一，引入新的技术资源和框架，例如新的内容交付网络、数字加速技术和人际关系网；第二，提供新的产品、功能和开发选项；第三，提供电竞技术实施的指导方针。表 6-5 深入分析了腾讯的技术基础设施和基于电子竞技的平台扩张，同时阐述了其数字媒体的属性和基础设施建设行为，让我们得以看见腾讯通过扩展电竞业务赚取利益的方式。

表 6-5 腾讯电竞基础设施和平台属性汇总

	基础设施	平台	例子	网址	范围
基础架构	客户端和服务端系统；使用动态 CDN（内容交付网络）系统加快网络速度；语音和视频媒体系统	可靠灵活的云计算系统；用户授权的门户服务器；在块服务器上运行游戏，将玩家分成不同的块；基于全国各省份数百个数据中心的动态 CDN 系统，引领玩家连接最快的网路	Qtalk 产品：CDN 产品：DSA	qt. qq. com cloud. tencent. com/product/cdn intl. cloud. tencent. com/product/dsa	技术、商业

续表

	基础设施	平台	例子	网址	范围
各部门之间的关系	用户接触并锁定	客户关系管理分析，然后接入腾讯旗下的视频、漫画、网络文学	腾讯视频 腾讯漫画 QQ 阅读	v. qq. com ac. qq. com book. qq. com	技术、商业
市场结构	闭环包括游戏制作、账户系统、社交媒体平台、支付系统、广告系统和直播	游戏工作室制作和运营游戏；微信和 QQ 提供授权账号系统；游戏内购买使用微信支付；通过不同的游戏进行交叉推广；通过微信朋友圈和 QQ 空间使用类病毒传播模式进行社交推广；斗鱼直播	QQ 微信 QQ 空间 斗鱼	im. qq. com weixin. qq. com qzone. qq. com www. douyu. com	技术、商业
核心价值	公司收入和用户活跃度	公司通过游戏内购买和广告获得收入；通过 MOBA 游戏和社交媒体提升用户黏性	《英雄联盟》	lol. qq. com	商业
时间性	由游戏的生命周期和网络社交生态的普及程度决定	每款热门游戏的热门时间为 3~5 年；娱乐事业群可持续输出新游戏；基于 QQ、微信等 IM 应用的网络游戏生态	《地下城与勇士》	dnf. qq. com	商业
规模	大到非常大；可广泛使用	可能会变得无处不在	全球最大的游戏供应商/代理商/运营商和第二大社交媒体公司	https：//www1. hkexnews. hk/ listedco/listconews/ sehk/2019/0401/ ltn201904012134_ c. pdf（page 5，8，10）	商业
资金	来自游戏、广告、游戏转播的收入	公司游戏内购收入、来自其他游戏厂商的广告收入、游戏转播佣金	《穿越火线》	cf. qq. com	商业

腾讯从整体上思考平台存在的问题启示我们如何从内到外打破数字边界来重新认识国家治理下的平台基础设施。这些研究结果阐明了腾讯如何通过与平台基础设施相关的技术互动和数字特性来不断促进伞状平台的发展，发展内容包括系统结构、各要素之间的关系、市场结构、焦点利益、

时间性、规模、资金等。

（四）本节讨论

伞状平台概念不仅有助于我们记录电竞平台的增长、国家管理的基础设施以及电竞产业中的多层次平台整合，还能帮助我们理解中国电竞产业是如何从最初的无序混乱状态发展到如今相对有序和结构化的阶段的。通过伞状平台分述，我们可以看出平台的明确目标，并理解不断扩张的数字平台的界限。本节在考察“伞布”（政府对基础设施平台化的监管）的同时，也批判性地研究并理解“伞架”是如何存在的，即腾讯的价值链、多层次平台以及数字技术是如何发挥作用的。尽管这把伞最初由“伞布”组合而成，为中国电竞产业发展提供了空间和环境（不一定十分有利），但在快速发展过程中，“伞架”起到了支撑产业运作的关键作用。因此，近些年，国家只对敏感的底线问题采取直接控制，为电竞产业提供了更大的发展空间，并邀请其他利益相关者（如腾讯）充当牢固的“伞架”，共同规范与协商行业的相关问题。

腾讯的电竞产业实现了平台和政府间的闭环，并同时扮演多个角色，积极建立多层次平台，其中包括授权、制作和分发电竞内容，充当多个电竞联盟的执行机构，成为中国电竞产业中“垄断性”的企业和市场主导者。[①] 大多数电竞俱乐部和职业选手认为腾讯是电竞行业的领导者，在平台化的推动下，腾讯已经通过其媒体平台使数字市场饱和，成为“操纵”市场和其他媒体的“幕后老板”。[②] 中国电竞的伞状平台再加上腾讯推动的基础设施平台化，使得电竞专业人士不可能不接触腾讯电竞，因为不接触极可能造成机会流失。平台基础设施化和基础设施平台化的数字特性，使腾讯成为平台化利润驱动过程中的一股强大力量。通过对大型企业的复杂

① Yu, H. Game on: The rise of the eSports middle kingdom [J]. Media Industries Journal, 2018, 5 (1): 88-105.

② Noam, E. Beyond the mogul: From media conglomerates to portfolio media [J]. Journalism, 2018, 19 (8): 1096-1130.

管理以及跨互联网平台的竞争与合作，现行的平台化基础设施模式已成功从传统的政府垄断基础设施模式，转变为更分散的基础设施模式。[①] 因此，腾讯似乎推翻了一个普遍假设，即中国“施行的是一刀切的监管政策”，但现实是国家和企业是相辅相成、彼此需要的。这一方面意味着政府与市场力量在技术民族主义时代背景下是携手合作的；另一方面意味着腾讯电竞通过其多层次平台（数据基础设施）成功实施了它的基础设施计划。[②] 此外，专业的电竞俱乐部和职业选手也往往支持腾讯与政府合作，以享受中国电竞伞状平台下的发展红利。

腾讯已将其媒体平台从一个泛娱乐化产业转型为一个新的文化创意产业，一个融合了文化、产业和数字技术的全新产业，这意味着媒体内容、体育赛事和网络信息以及通信技术在电竞产业中得到无缝链接。[③] 电竞作为新兴文化创意产业，不仅获得政府的全力支持，还与习近平提出的向世界“讲好中国故事”紧密联系在一起。因此，腾讯电竞的转型模式符合电竞产业转型的三个阶段：由政治驱动，到协同效应驱动，再到投资模式驱动。这三个阶段也在本章关于技术扩展驱动平台建设的论述中得到反映。[④]

三 本章小结

尽管中国的电竞产业由国家主导这一点无可争辩，但国家与企业间的互动关系也是十分重要的。在电竞产业发展过程中，国家与企业相互需要，这打破了中国电竞产业的监管是一个自上而下过程的刻板印象。因

---

① Abbate, J. Inventing the Internet [M]. Cambridge, MA: MIT Press, 1999.

② Hong, Y. Networking China: The digital transformation of the Chinese economy [M]. Urbana, IL: University of Illinois Press, 2017; Hong, Y., and Goodnight, G. T. How to think about cyber sovereignty: The case of China [J]. Chinese Journal of Communication, 2019, 13 (1): 8-26.

③ Hutchins, B. Signs of meta-change in second modernity: The growth of e-sport and the World Cyber Games [J]. New Media & Society, 2008, 10 (6): 851-869.

④ Noam, E. Beyond the mogul: From media conglomerates to portfolio media [J]. Journalism, 2018, 19 (8): 1096-1130.

此，伞状平台鼓励我们去关注新的基础设施权力和平台。腾讯的资本流动和扩张（如其闭环价值链），以及数据驱动的多维度和技术支持环境（如其基础设施和平台属性），推动腾讯形成了一个平台依赖、组织同质化和深度权力不对称的新生态系统。因此，对相关问题做进一步研究，对制定有意义的政策和电竞产业的可持续发展而言至关重要。①

本章还表明，其他利益相关者（即所谓的伞下利益相关者）不仅在自我发展和自我监管方面表现乏力，还会受到平台监管的操纵。当日益重要的媒体环境（基础设施）被企业实体（平台）主导时，紧张关系就会出现，而基础设施的平台化和平台的基础设施化可能加剧这种紧张关系。②

数字和信息基础设施、媒体平台是中国电竞产业结构的关键和主要支撑，也是电竞文化生产和消费的基础与背景，它们本身也可以代表中国电竞的演变趋势和运作逻辑，为这一产业的文化表征、行业认同与规则提供根本的依托和支持。可以说，在腾讯对中国电竞产业平台化的推动下，中国电竞的文化循环及各要素的流动才能够在一个相对稳定的环境中有所依附与凭借。而且，由于文化循环也是动态的权力斗争循环，体现了媒介传播过程中政府和企业规范或限制电竞社会意义的过程，这与中国电竞产业基础设施的伞状结构形成了对应关系。

---

① Nieborg, D. B., and Poell, T. The platformization of cultural production: Theorizing the contingent cultural commodity [J]. New Media & Society, 2018, 20 (11): 4275-4292.

② Plantin, J. C., et al. Infrastructure studies meet platform studies in the age of Google and Facebook [J]. New Media & Society, 2018, 20 (1): 293-310.

第七章　结语：平台化的文化循环

一　内容回顾

电竞是互联网时代一种典型的亚文化现象、网络媒介文化和新兴行业。本书将中国电竞视为一种文化产业，借用霍尔等人的文化循环理论框架，从当代文化生产的视角，以表征、认同、生产、消费、规则五大要素分而论之。在这个基础上，我们探讨了中国电竞作为文化产业的不同层面的特点，以及这些要素是如何在电竞行业和社会中发挥作用的，而在五大要素之外，我们还发现了中国电竞文化循环的另一个基本要素——平台，而且平台相较其他五大要素是处于更基础的位置的，整个中国电竞产业呈现一种以腾讯为支撑的伞状平台化的文化循环模式。

第一，中国电竞具有一层积极向上、拼搏奋进的文化表征，具体的话语表达是“生而为赢，爱我所爱——电竞是一种生活方式”和“与传统体育‘掰手腕’——为中国电竞精神正名”两种幻想类型，并共同构成了“永远在路上，一起向未来”的修辞视野。中国电竞借助传统体育和网络流行的话语与口号为自己正名，这些文化表征有助于电竞界的各类行动者形成自我认同、职业认同以及满足社会与政治合法性。但与此同时，中国电竞的许多实质问题却容易被遮蔽，其文化表征总体呈现一种“被积极话语裹挟的电竞梦”之样态。

第二，电竞在中国现代文化语境中的“认同”的最高表现为“电竞爱国主义认同”。国家、行业、个人等不同行动者在中国电竞的文化场域中相互博弈、连接、转译，争夺性地接合成一个复杂甚至临时的“电竞爱国主义认同”，其中包括三重认同的接合：一是国家权力层面对电竞与爱国主义话语之间的接合、解接合和再接合；二是行业资本层面将电竞的数字话语和利益联盟的合法性接合；三是个人梦想层面的“冠军梦”和“中国梦”的双向接合。

第三，中国电竞作为一种文化产业，其生产机制也具有很强的行业特色。中国政府的政策为电竞文创产业-商业生态系统提供了机会，主导企业（腾讯）则适应和影响政府的文化产业政策，确保了电竞商业生态系统的强健和稳定；腾讯主导的电竞赛事充分利用中国传统文化资源，促进了电竞赛事的文化表征、地区认同和文化生产；地方政府、电竞赛事、电竞俱乐部和房地产开发商在商业模式和创新活动方面虽然扮演不同的角色，但却表现出越来越多的相互依存和共同发展趋势；不过，房地产开发商等作为中国电竞文创产业中的一个弱势参与者，尚未有与电竞价值链协调和共同发展的能力。因此，作为文创产业-商业生态系统主体的中国电竞既展示了巨大的潜力，又具有一定的不确定性，同时为中国数字化社会中的文化创意产业提供了一个新的融合领域。

第四，电竞设备作为一种消费品，对于行业从业者而言，不仅是必需的物质基础设施，更是一种物质消费行为和独特的消费文化。而消费者在使用电竞设备的过程中使产品主动地产生了意义；电竞物质设备还具有拯救并促进电竞产业发展的历史功能。此外，中国电竞文化中各类关系网络，包括人际网络、江湖网络、行业联盟，以及电竞行业与媒体和政府的关系网络，在某种程度上也是电竞产业的独特文化产品，包括人类和非人类行动者，以及物质性和非物质性的消费网络。

第五，除了要接受和适应宏观层面国家政策的规约，中国电竞作为一个新兴产业，其从业者还要在中国当下特定语境下进行自我规约。它们在某种程度上成为进取的企业化主体，也为中国电竞这一新兴产业塑造了一种生存规则。中国电竞职业运动员的自我企业化过程，往往以新自由主义为背景，以精英主义话语为基础和激励手段，但由于他们的工作并不稳定，在未来容易被取代甚至抛弃。

第六，从宏观视野来看，中国电竞产业是一个伞状结构，政府及其相关政策是笼罩电竞产业的“伞布”，而腾讯是电竞产业基础设施平台化的最大推手和“伞架”，其他利益相关者与行业从业者则是依托这把伞生存的“伞下人”。腾讯的电竞产业实现了产业平台和政府间合作的闭环，使得原本属于政府权力的数字基础设施变成平台化的基础设施，而腾讯在其中扮演了多重角色，控制了完整的产业价值链和多层次平台。利用其流动资产的扩张和数据驱动的多维性，腾讯已将媒体平台从一个泛娱乐化产业转型为一个新的文化创意产业，融合了文化、产业和数字技术，这为由其主导的电竞产业提供了理想的基础设施和平台环境。中国电竞文化循环的五个要素就是在这种伞状结构的支撑下发挥作用和价值的，其文化表征和认同在某种程度上就是行业内部与外部权力结构、资本流动的外化；产业文化的生产与消费则更贴近这种平台结构而运作，实现文化意义的流通；而规则一环对应政府及其相关政策的“伞布”和作为“伞下人”的电竞从业者的自我企业化规约。腾讯作为这一伞状平台的动力引擎和支架，维持和推动着中国电竞产业的运作与扩张，成为电竞文化循环依附的基础设施平台。

需要强调的是，本书是文化视角下的电竞研究，而非仅针对电竞文化的研究，换句话说，本书为研究中国电竞，从文化视角提出了一个研究框架。因此，全书整体上采用文化循环理论作为分析框架，该理论的诸多概念不断出现在各章内容中。但是，理论的五个要素只是便于我们分析的工具，它们相互之间以一种复杂的、偶然的方式重叠和缠绕在一起，并非截然割裂。此外，每一章都针对中国电竞不同层面的文化意义做出独立的研究和分析，因此每章都采用了一种或多种不同的理论框架，具体包括幻想主题分析（分析文化表征）、接合理论（电竞爱国主义认同）、商业生态系统理论（将中国电竞作为文创产业来研究）、行动者-网络理论（中国电竞的物质性消费和关系网络)、自我企业化理论(电竞从业者的自我规约)以及基础设施平台化、平台基础设施化和数字平台(中国电竞的伞状平台)等。

二 理论创新

本书的研究和写作过程，也是我们不断学习文化循环理论、深化对它的理解的过程。霍尔、杜盖伊等人的文化循环理论的前提是，文化是一种完全的生活方式和意义的生产和传播，物质与文化是相互交织、不可分离的同一个过程的不同面向。文化循环理论将生产、社会、市场之间的关系理论化，将文化生产与消费实践相关联，以阐释文化产品与意义之间的循环。我们通过大量的文献阅读、数据筛选和数据分析、深度访谈以及田野调查，深刻领悟并深切感受到，中国电竞产业存在和运作的任何过程都在创造文化意义，不管这种意义是积极的还是消极的、是形成特定话语模式的还是未成气候转瞬即逝的、是得到外界认可的还是承受冒险压力的。

本书还在文化循环理论的基础上进行了理论创新，提出了中国电竞平台化的文化循环理论框架。我们认为，中国电竞的文化表征(既包括奋勇拼搏和追梦的积极话语，又包括普通从业者对生存不稳定和未来迷茫的消极表达)是产业背后的平台化结构(包含政治权力、资本运作、完整价值链和多层次平台)促成的情感外溢，因此我们可以说，中国电竞的文化循环最终是由其平台化结构决定的，所以称之为平台化的文化循环。

霍尔之所以重视“表征”在文化循环理论中的重要地位，原因就在于相对于其他要素和环节，“表征”是在更纯粹地描述文化现象，较少掺杂政治、经济和产业资本等非文化要素，毕竟文化循环理论是一种研究文化的手段(尽管研究对象是商业化的文化产品与产业)。在某种程度上，文化循环理论使得原先被认为不属于文化范畴的商品生产和产业也被纳入文化研究，而且使得文化研究与市场经济、政治权力研究的关系更加密切。

也正因此，本书的研究并没有停留在文化循环理论的运用上，而是进一步深入探讨中国电竞背后的权力结构与产业结构，这些结构综合概括起来就是平台化结构。我们对中国电竞文化循环的描述是“表”，而这种平台化结构则是“里”，正是权力和产业结构限定并规范了中国电竞的文化意义生产。中国电竞产业的这种平台化结构可以概括和联系中国政府、企业平台和行业从业者之间的关系，并确定它们各自的角色与地位。

传统上，平台相对于基础设施而言是一个范畴较小的概念。基础设施往往由政府主导，具有较强的政治色彩，覆盖范围广、垄断性强；而平台一般与私营企业相关联，主要依靠资本、市场及其流动性而运作，一般覆盖范围不大，但有时也会形成垄断。随着互联网普及和数据与信息基础设施的广泛覆盖，信息科技公司的平台经济与政府的数字基础设施之间的界限越来越模糊，由此出现了基础设施平台化（对国家而言）和平台基础设施化（对企业而言）的发展趋势。本书讨论中国电竞的平台化结构，就是针对电竞行业巨头腾讯“挑战”政府对数字基础设施的“垄断权”，但是这种“挑战”是隐性、间接的，是以合作的方式而不是对抗的方式达成的，因为双方在电竞产业发展方面是相互需要和互相促进的关系。腾讯在国家技术民族主义结构下的“挑战”，便构成了中国电竞产业基础设施平台化的前提。

平台化的文化循环并不是“平台化”和“文化循环”两种理论的简单相加，而是根植于中国特定的社会与政治结构的文化产业状态。“平台化”与“文化循环”表面上看似是不同层面的问题，前者侧重于物质基础设施与产业结构，后者则侧重于文化意义。但其实，文化循环理论本身就强调物质与文化的统一关系，强调保持与现实生活经验和物质社会的联系，从而全面、系统地阐释文化意义。而且，用“平台化的文化循环”来理解和分析中国电竞产业，才能阐明中国电竞文化所处的权力结构与文化语境的独特之处，由此才能真正地、深入地理解中国电竞的文化意义。

从文化的角度来看，政府对电竞文化生产的影响是非常深远的。政府态度和政策还时常模棱两可，因为政府需要观察电竞产业是否能够创造经济价值，进而有助于其维护国家形象和利益。近些年，政府虽然认可并支持电竞产业的平台化发展，但其根本底线是保留话语权和文化限制权，我们从“电竞爱国主义认同”主动向国家靠拢可以看出，电竞产业的文化创造始终是“戴着镣铐跳舞”。政府虽然不会限制产业的数字平台扩张与经济利益赚取，但却可能会限制文化的生产与创新，因为后者才是与其政治本质相关的东西。相比之下，电竞产业的文化表征更能反映其早期的草根性质（个人情感和梦想的话语表达）。此外，政府及其政策监管代表政治权力，而主导企业如腾讯则代表资本权力，因此也可以说，中国电竞的文化循环是在重重限制和结构之下的文化生产。

平台化的文化循环也是流动的权力斗争循环，体现了电竞文化生产过程中多方争夺制造社会意义的权力过程。中国政府虽然在较大程度上默认了数字基础设施的平台化，但主要是在物质设施和经济利益方面放宽限制，而对文化话语权和文化审查丝毫没有放松，甚至越来越严格。电竞行业从业者、腾讯提供的多层次产业平台都可以创造话语、制造社会意义，但是都必须在政府所允许的范围内，即不能违背爱国主义、民族主义，又不能越过媒体法律法规的允许范围。

电竞产业的平台化，是中国电竞文化循环赖以存在的权力结构（政治）和运作资本（经济）大背景，要想深入理解中国电竞产业的文化意义，就必须探究这种结构性的社会变化与背景。这也是中国电竞产业的文化表征不同于全球主流电竞文化的根本原因。这种权力结构的变化，就决定了中国电竞文化的与众不同。在欧美（如美国），学界会担心企业平台的权力过大和独立性过强，而中国的数字平台则相反，国内外学界往往会强调中国平台经济的权力太小和独立性太弱，受到政府的限制太大。但我们的研究表明，实际情况并非如此，其实，中国的数字产业也在经历基础设施平台化的过程，只不过国家政策和监管始终笼罩其上，鼓励支持与限制阻碍交叉存在，但整体上还是一种合作与促进的态度。

权力结构处于变动之中，这就使得文化循环中各个时刻的联系也处于不断变化当中。只有在行业内部，腾讯提供了一个相对稳定的平台环境，但这也使作为平台化最重要的文化中介和生产实践者，拥有电竞文化生产的最大主导权。文化循环理论认为，接合文化循环中各个环节的关键是受众，受众是文化循环中的关键一极，但这一观点对中国电竞而言并不适用。宏观来看，中国电竞文化的受众（主要是电竞观众、粉丝和普通玩家）相对比较被动，虽然他们可以表达情感、制造话语，与行业从业者共同形成电竞文化的表征、产生共同的文化和身份认同，并通过物质和文化消费反过来促进生产，但是他们对整个产业的生产运作和规则制定几乎没有任何话语权。实际上，对中国电竞而言，接合文化循环中各个环节与要素的关键是伞状结构，而不是受众群体。因此，我们对传统的文化循环理论框架做出补充修订，提出以下“平台化的文化循环”的模型（见图7-1）。

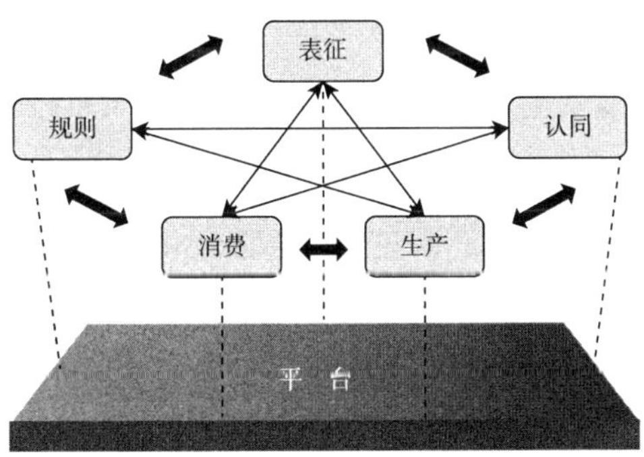

图 7-1　“平台化的文化循环”的模型

三　研究局限

尽管我们通过平台化的视角尝试在原本非常成熟的文化循环理论中做出微小突破，但是本书仍有两个明显的研究局限。首先是我们自己能力上的不足，其次是理论框架选择上的局限。

首先，我们选择文化循环理论的分析框架是一种便于操作的方法。文化循环理论作为一个成熟得近乎“完美”的“宏大”理论，固然非常有操作性和应用性让我们可以很便利地用来统领对中国电竞在文化意义方面的研究，但是也给我们的理论突破和创新带来了巨大的挑战。一来文化循环理论过于“宏大”，包含了表征、认同、生产、消费、规则五个文化研究最关心的问题甚至是领域，这是我们在单一的研究里特别是有限篇幅里难以驾驭的。实际上，我们在实际运用文化循环理论的过程中便在很大程度上降低了文化分析的复杂性，忽略了文化生产中的变动特征，对于各要素之间本来相互交织的复杂联系的阐释也非常不够。二来文化循环理论过于“完美”，如上所述，几乎无死角地涵盖了文化研究的主要问题意识并把各要素之间可能的关系勾勒出来，这导致后续运用这一理论框架的研究几乎很难在现有框架内做出创新突破。因此，我们只能尝试结合平台化时代背景在原有框架上做“增量”，而难以对理论框架本身做出颠覆性的改造或者突破。

其次，我们通过引入“平台化”概念而创新“平台化的文化循环”理论框架，但这一创新框架在本书中还没有充分阐释和展开。我们希望平台对于文化循环理论而言，不仅是在原有的五大要素基础上增加了一个要素，也是通过“平台”把原本二维、平面的文化循环理论三维化、立体化，即腾讯作为基础设施化的平台实际上是下沉在表征、认同、生产、消费、规则五大要素下面，并支撑和重新接合着这五大要素，使整个电竞文化循环在平台化的同时，也在平台基础上立体化起来。这是本书原本真正的理论重心所在。但理想是美好的，现实是残酷的，理想中的理论模型与实际呈现的效果如“卖家秀”与“买家秀”的差距一般大。我们目前实际呈现的似乎还只是把平台作为一个新的要素引入原有框架，对于平台与原本五大要素之间的关系，以及平台与原本平面的文化循环之间的关系等关键问题，都还没有充分的挖掘和阐释。因此，本书权且抛砖引玉以待学界做出更多更好的研究成果。

参考文献

中文参考文献

保罗·杜盖伊，斯图尔特·霍尔，琳达·简斯，休·麦凯，基思·尼格斯. 做文化研究——索尼随身听的故事［M］. 霍炜，译. 北京：商务印书馆，2003。

曹书乐，许馨仪. 竞争、情感与社交：《阴阳师》手游的氪金机制与玩家氪金动机研究［J］. 新闻记者，2020（7）：27-37.

戴焱淼. 电竞简史：从游戏到体育［M］. 上海：上海人民出版社，2019.

董天策，杨龙梦珏. 国族的想象：作为修辞实践的网络民族主义——对B站《中国历代疆域变化》弹幕的幻想主题分析［J］. 国际新闻界，2021，43（4）：24.

董天策，杨龙梦珏. 健康风险认知中的“女孩疫苗”话语——基于对知乎HPV疫苗话题讨论的幻想主题分析［J］. 现代传播（中国传媒大学学报），2021，43（10）：39-45+52.

何威，曹书乐. 从“电子海洛因”到“中国创造”：《人民日报》游戏报道（1981-2017）的话语变迁［J］. 国际新闻界，2018，40（5）：57-81.

洪建平. 娱乐·教育·产业：电子竞技的主流媒介镜像——以《人民日报》（1978-2018）为中心［J］. 成都体育学院学报，2018，44（4）：9-

15+23.

黄典林. 在文化与结构之间：斯图亚特·霍尔传播观的范式整合［J］. 南京社会科学，2020（10）：110-118.

蒋毅，孙科，熊双. 中国电子竞技发展困境的文化阐释［J］. 成都体育学院学报，2022，48（1）：49-54.

景怀斌，张善若. 作为文本分析方法论的“文史哲”：意图与框架［J］. 中国社会科学评价，2021（1）：111-121+159-160.

刘芳儒. 情感劳动（Affective labor）的理论来源及国外研究进展［J］. 新闻界，2019（12）：72-84.

刘福元，赵敬凯. “新动能”引领下电子竞技产业扶持的政策性诠释——基于98部规范性文件的实证分析［J］. 社科纵横，2022，37（1）：122-133.

刘海龙. 像爱护爱豆一样爱国：新媒体与“粉丝民族主义”的诞生［J］. 现代传播：中国传媒大学学报，2017，39（4）：27-36.

陆新蕾，琚慧琴. 从跨国追剧到饭圈“骂战”：粉丝民族主义的日常操演［J］. 国际新闻界，2021，43（10）：29-49.

饶一晨. 网瘾少年与中国社会控制模式的变革［J］. 文化纵横，2015（5）：64-71.

施畅. 恐慌的消逝：从“电子海洛因”到电子竞技［J］. 文化研究，2018（1）：145-165.

宋嘉伟. “肝动森”：休闲玩工的形成——对《集合啦！动物森友会》的数字民族志考察［J］. 新闻记者，2020（12）：3-19.

陶东风. 西方文化研究的新近发展［J］. 当代文坛，2007（1）：7-12.

王洪喆，李思闽，吴靖. 从“迷妹”到“小粉红”：新媒介商业文化环境下的国族身份生产和动员机制研究［J］. 国际新闻界，2016，38（11）：33-53.

萧俊明. 文化转向的由来［M］. 北京：社会科学文献出版社，2004.

杨越. 新时代电子竞技和电子竞技产业研究［J］. 体育科学，2018，38（4）：8-21.

易剑东. 中国电子竞技十大问题辨识［J］. 体育学研究，2018，1（4）：31-50.

张亮，李媛媛. 理解斯图亚特·霍尔［M］. 北京：北京师范大学出版社，2016.

邹威华. 斯图亚特·霍尔的文化理论研究［M］. 北京：中国社会科学出版社，2014.

英文参考文献

Boluk, S., and LeMieux, P. Metagaming: Playing, competing, spectating, cheating, trading, making, and breaking videogames ［M］. Minneapolis, MN: University of Minnesota Press, 2017.

Brown, K. A., Billings, A. C., Murphy, B., and Puesan, L. Intersections of fandom in the age of interactive media ［J］. Communication & Sport, 2017, 6（4）: 418-435.

Brownell, S. Beijing's Olympic education programme: Re-Thinking suzhi education, re imagining an international China ［J］. The China Quarterly, 2009, 1（197）: 44-63.

Casas-Cortés, M. A genealogy of precarity: A toolbox for rearticulating fragmented social theater culture industry ［J］. Research in Drama Education: The Journal of Applied Theatre and Performance, 2014, 22（1）: 22-35.

Chen, X., Kaye, C. B. V., & Zeng, J. #Positive Energy Douyin: Constructing "playful patriotism" in a Chinese short-video application ［J］. Chinese Journal of Communication, 2021, 14（1）: 97-117.

Consalvo, M. Cheating: Gaining advantage in videogames ［M］. Cambridge: MIT Press, 2007.

Cunningham, G. B., Fairley, S., Ferkins, L., Kerwin, S., Lock, D., Shaw, S., & Wicker, P. eSport: Construct specifications and implications for sport management [J]. Sport Management Review, 2018, 21 (1): 1-6.

de Peuter, G. Creative economy and labor precarity: A contested convergence [J]. Journal of Communication Inquiry, 2011, 35 (4): 417-425.

Dyer-Witheford, N., and de Peuter, G. Games of empire: Global capitalism and video games [M]. Minneapolis, MN: University of Minnesota Press, 2009.

Fung, A. Y. Comparative cultural economy and game industries in Asia [J]. Media International Australia, 2016, 159 (1): 43-52.

Funk, D. C., Pizzo, A. D., and Baker, B. J. ESport management: Embracing eSport education and research opportunities [J]. Sport Management Review, 2018, 21 (1): 7-13.

Gill, R., & Pratt, A. In the social factory?: Immaterial labour, precariousness and cultural work [J]. In Theory, Culture and Society, 2008, 25 (7-8): 1-30.

Grossberg, L. We gotta get out of this place: Popular conservatism and postmodernism culture [M]. New York, NY; London, UK: Routledge, 1992.

Hall, S. Cultural studies: Two paradigms [J]. Media Culture & Society, 1980, 2 (1): 57-72.

Hall, S. Signification, representation, ideology: Althusser and the post-structuralist debates [J]. Critical Studies in Mass Communication, 1985, 2 (2): 91-114.

Hallmann, K., & Giel, T. eSports: Competitive sports or recreational activity? [J]. Sport Management Review, 2018, 21 (1): 14-20.

Hamann, T. Neoliberalism, governmentality, and ethics [J]. Foucault

Studies, 2009, 6: 37-59.

Hamari, J., & Sjöblom, M. What is eSports and why do people watch it? [J]. Internet Research, 2017, 27 (2): 211-232.

Hardt, M., and Negri, A. Commonwealth [M]. Cambridge, MA: Belknap, 2009.

Hardt, M., and Negri, A. Empire [M]. Cambridge, MA: Harvard University Press, 2001.

Hartmann, T., and Klimmt, C. Gender and computer games: exploring females' dislikes [J] Journal of Computer-Mediated Communication, 2006, 11 (4): 910-931.

Hemphill, D. Cybersport [J]. Journal of the Philosophy of Sport, 2005, 32 (2): 195-207.

Hesmondhalgh, D., and Baker, S. Creative labor: Media work in three culture industries [M]. London: Routledge, 2011.

Hoffman, L. Autonomous choices and patriotic professionalism: On governmentality in late socialist China [J]. Economy and Society, 2006, 35 (4): 550-570.

Hong, Y. Pivot to internet plus: Molding China's digital economy for economic restructuring? [J]. International Journal of Communication, 2017, 11: 1486-1506.

Hutchins, B. Signs of meta-change in second modernity: The growth of e-sport and the World Cyber Games [J]. New Media & Society, 2008, 10 (6): 851-869.

Ismangil, M. (Re) creating the nation online: Nationalism in Chinese Dota 2 fandom [J]. Asiascape Digital Asia, 2018, 5 (3), 198-224.

Jenny, S. E., Manning, R. D., Keiper, M. C., & Olrich, T. W. Virtual (ly) athletes: Where eSports fit within the definition of "Sport" [J]. Quest,

2016, 69 (1): 1-18.

Jin, D. Y. Korea's online gaming empire [M]. Cambridge, MA: The MIT Press, 2010.

Johnson, M. R., & Woodcock, J. Work, play, and precariousness: An overview of the labour ecosystem of esports [J]. Media, Culture and Society, 2021, 43 (8): 1449-1465.

Johnson, M. R., and Mejia, R. Making science fiction real: Neoliberalism, real-life and esports in EVE Online [J]. Journal for Virtual Worlds Research, 2018, 10 (3).

Johnson, M. R., and Woodcock, J. "It's like the gold rush": The lives and careers of professional video game streamers on Twitch. tv [J]. Information, Communication & Society, 2019, 22 (3): 336-351.

Jonasson, K., & Thiborg, J. Electronic sport and its impact on future sport [J]. Sport in Society, 2010, 13 (2): 287-299.

Jonasson, K. Broadband and circuits: The place of public gaming in the history of sport [J]. Sport, Ethics & Philosophy, 2016, 10 (1): 28-41.

Karhulahti, V. M. Reconsidering esport: Economics and executive ownership [J]. Physical Culture and Sport. Studies and Research, 2017, 74 (1): 43-53.

Keane, M., & Chen, Y. Entrepreneurial solutionism, characteristic cultural industries and the Chinese dream [J]. International Journal of Cultural Policy, 2017, 25 (6): 743-755.

Kirkpatrick, G. Computer games and the social imaginary [M]. Cambridge: Polity, 2013.

Laffey, D., Della, S. V., & Laffey, K. Patriot games: The regulation of online gambling in the European Union [J]. Journal of European Public Policy, 2016, 23 (10): 1425-1441.

Latour, B. On actor-network theory: A few clarifications [J]. Soziale Welt 1996, 47 (4): 369-381.

Latour, B. Reassembling the social: An introduction to actor-network-theory [M]. New York: Oxford University Press, 2005.

Latour, B. Science in action [M]. Cambridge, MA: Harvard University Press, 1987.

Law, J. After method: Mess in social science research, international library of sociology [M]. London: Routledge, 2004.

Liao, S. X. T. Japanese console games popularization in China: Governance, copycats, and gamers [J]. Games and Culture, 2016, 11 (3): 275-297.

Lin, Z., & Zhao, Y. (Dis) Assembling eSports: Material actors and relational networks in the Chinese eSports industry [J]. Critical Arts, 2021: 1-14.

Lin, Z., & Zhao, Y. Self-enterprising eSports: Meritocracy, precarity, and disposability of eSports players in China [J]. International Journal of Cultural Studies, 2020, 23 (4), 582-599.

Lu, Z. From e-heroin to e-sports: The development of competitive gaming in China [J]. The International Journal of the History of Sport, 2017, 33 (18): 2186-2206.

Matsui, A., Sapienza, A., & Ferrara, E. Does streaming esports affect players' behavior and performance? [J]. Games and Culture, 2019, 15 (1): 9-31.

McNay, L. Self as enterprise: Dilemmas of control and resistance in foucault's the birth of biopolitics [J]. Theory, Culture & Society, 2009, 26: 55-77.

McRobbie, A. Be creative: Making a living in the new culture industries [M]. Cambridge: Polity Press, 2016.

Miller, P., and Rose, N. Governing the present: Administering economic, social and personal life [M]. Cambridge: Polity Press, 2008.

Millington, B. Amusing ourselves to life: Fitness consumerism and the birth of bio-games [J]. Journal of Sport and Social Issues, 2014, 38 (6): 491-508.

Millington, B. Wii has never been modern: "Active video games" and governmentality [J]. New Media & Society, 2008, 11 (4): 621-640.

Moeller, R. M., Esplin, B., & Conway, S. Cheesers, pullers, and glitchers: The rhetoric of sportsmanship and the discourse of online sports gamers [J]. Game Studies, 2009, 9 (2): 3-15.

Nagel, M. S., & Sugishita, K. Esport: The fastest growing segment of the "sport" industry [J]. Sport & Entertainment Review, 2016, 2 (2), 51-60.

Plantin, J. C., & de Seta, G. WeChat as infrastructure: The techno-nationalist shaping of Chinese digital platforms [J]. Chinese Journal of Communication, 2019, 12 (3): 257-273.

Read, J. A genealogy homo-economicus: Neoliberalism and the production of subjectivity [J]. Foucault Studies, 2009, 6: 25-36.

Reitman, J. G., Anderson-Coto, M. J., Wu, M., Lee, J. S., and Steinkuehler, C. Esports research: A literature review [J]. Games and Culture, 2019, 15 (1): 32-50.

Rofel, L. Desiring China: Experiments in neoliberalism, sexuality, and public culture [M]. Durham, NC: Duke University Press, 2007.

Rose, N. Government and control [J]. British Journal of Criminology, 2000, 40 (2): 321-339.

Ross, A. Nice work if you can get it: Life and labor in precarious times [M]. New York: New York University Press, 2009.

Seo, Y., & Jung, S. U. Beyond solitary play in computer games: The social practices of eSports [J]. Journal of Consumer Culture, 2016, 16 (3): 635-655.

Seo, Y. Electronic sports: A new marketing landscape of the experience economy [J]. Journal of Marketing Management, 2013, 29 (13 - 14): 1542-1560.

Seo, Y. Professionalized consumption and identity transformations in the field of eSports [J]. Journal of Business Research, 2016, 69 (1): 264-272.

Sigley, G. Chinese governmentalities: Government, governance and the socialist market economy [J]. Economy and Society, 2006, 35 (4): 487-508.

Skubida, D. Can some computer games be a sport? Issues with legitimization of eSport as a sporting activity [J]. International Journal of Gaming and Computer-Mediated Simulations, 2016, 8 (4): 38-52.

Standing, G. The precariat: The new dangerous class [M]. London: Bloomsbury, 2011.

Steinkuehler, C. Esports research: Critical, empirical, and historical studies of competitive videogame play [J]. Games and Culture, 2019, 15 (1): 3-8. Doi: 10. 1177/1555412019836855.

Taylor, T. L. Raising the stakes: E-sports and the professionalization of computer gaming [M]. Cambridge, MA: MIT Press, 2012.

Taylor, T. L. The assemblage of play [J]. Games and Culture, 2009, 4 (4): 331-339.

van Hilvoorde, I., & Pot, N. Embodiment and fundamental motor skills in eSports [J]. Sport, Ethics & Philosophy, 2016, 10 (1): 14-27.

Vida, I., & Reardon, J. Domestic consumption: Rational, affective or normative choice? [J]. Journal of Consumer Marketing, 2008, 25 (1): 34-44.

Wang, W. Y., and Lobato, R. Chinese video streaming services in the context of global platform studies [J]. Chinese Journal of Communication, 2019.

Witkowski, E., & Manning, J. Player power: Networked careers in esports and high-performance game livestreaming practices [J]. Convergence, 2019, 25 (5-6): 953-969.

Witkowski, E. On the digital playing field: How we "do sport" with networked computer games [J]. Games and Culture, 2012, 7 (5): 349-374.

Xia, B., Wang, H., & Zhou, R. What contributes to success in MOBA games? An empirical study of defense of the ancients 2 [J]. Games and Culture, 2019, 14 (5): 498-522.

Yu, H. Game on: The rise of the eSports middle kingdom [J]. Media Industries Journal, 2018, 5 (1): 88-105.

Zhang, G., & Hjorth, L. Live-streaming, games and politics of gender performance: The case of Nüzhubo in China [J]. Convergence, 2019, 25 (5-6): 807-825.

Zhang, L., and Ong, A. Privatizing China: Socialism from afar [M]. Ithaca, NY: Cornell University Press, 2008.

Zhao, Y., & Zhu, Y. Identity transformation, stigma power, and mental wellbeing of Chinese eSports professional players [J]. International Journal of Cultural Studies, 2020, 24 (3), 485-503.

Zhao, Y., & Lin, Z. Umbrella platform of tencent eSports industry in China [J]. Journal of Cultural Economy, 2021, 14 (1): 9-25.

图书在版编目（CIP）数据

中国电竞的文化循环 / 林仲轩，赵瑜佩著. -- 北京：社会科学文献出版社，2024.3
ISBN 978-7-5228-2421-5

Ⅰ.①中… Ⅱ.①林… ②赵… Ⅲ.①电子游戏-运动竞赛-文化产业-产业发展-研究-中国 Ⅳ.①G898.3

中国国家版本馆 CIP 数据核字（2023）第 169186 号

中国电竞的文化循环

著　　者 / 林仲轩　赵瑜佩

出 版 人 / 冀祥德
责任编辑 / 张建中
文稿编辑 / 王　敏
责任印制 / 王京美

出　　版 / 社会科学文献出版社 · 政法传媒分社（010）59367126
地址：北京市北三环中路甲 29 号院华龙大厦　邮编：100029
网址：www. ssap. com. cn
发　　行 / 社会科学文献出版社（010）59367028
印　　装 / 三河市尚艺印装有限公司

规　　格 / 开　本：787mm × 1092mm　1/16
印　张：12　字　数：170 千字
版　　次 / 2024 年 3 月第 1 版　2024 年 3 月第 1 次印刷
书　　号 / ISBN 978-7-5228-2421-5
定　　价 / 79.00 元

读者服务电话：4008918866